질병이 지끈지끈

DEADLY DISEASES
BY NICK ARNOLD

This Korean edition is published by arrangement with
Scholastic Ltd., London through Eric Yang Agency, Seoul.

앗, 이렇게 재미있는 과학이!

나, 떨고 있니?

질병이 지끈지끈

닉 아놀드 글 | 토니 드 솔스 그림 | 서은정 옮김

주니어김영사

질병이 지끈지끈

1판 1쇄 인쇄 | 2002. 6. 26.
개정 1판 1쇄 발행 | 2019. 12. 5.

닉 아놀드 글 | 토니 드 솔스 그림 | 서은정 옮김

발행처 김영사 | **발행인** 고세규
등록번호 제 406-2003-036호 | **등록일자** 1979. 5. 17.
주소 경기도 파주시 문발로 197(우10881)
전화 마케팅부 031-955-3100 | **편집부** 031-955-3113~20 | **팩스** 031-955-3111

값은 표지에 있습니다.
ISBN 978-89-349-9878-5 74080
ISBN 978-89-349-9797-9 (세트)

좋은 독자가 좋은 책을 만듭니다. 김영사는 독자 여러분의 의견에 항상 귀 기울이고 있습니다.
독자의견전화 031-955-3139 | 전자우편 book@gimmyoung.com
홈페이지 www.gimmyoungjr.com | 어린이들의 책놀이터 cafe.naver.com/gimmyoungjr

---

이 도서의 국립중앙도서관 출판시도서목록(CIP)은 서지정보유통지원시스템 홈페이지(http://seoji.nl.go.kr)와 국가자료공동목록시스템(http://www.nl.go.kr/kolisnet)에서 이용하실 수 있습니다. (CIP제어번호 : CIP2019032156)

어린이제품 안전특별법에 의한 표시사항

제품명 도서 **제조년월일** 2019년 12월 5일 **제조사명** 김영사 **주소** 10881 경기도 파주시 문발로 197
전화번호 031-955-3100 **제조국명** 대한민국 ⚠**주의** 책 모서리에 찍히거나 책장에 베이지 않게 조심하세요.

차례

선생님, 저 아픈데 집에 가면 안 되나요?

닉 아놀드는 어린 시절부터 글을 써서 책을 출판했다. 하지만 자신이 무시무시한 질병에 관한 책을 써서 크게 유명해질 거라고는 꿈에도 생각하지 못했다. 아놀드는 어떤 경로로 감기에 걸리는지 조사하는 것에서부터 치명적인 전염병을 치료하는 방법까지 알기 위해 애썼다. 아놀드는 이런 일을 조금도 지겨워하지 않고 즐겁게 했다.

평소에는 《앗! 이렇게 재미있는 과학이!》에 파묻혀 살지만 글을 쓰지 않는 동안엔 피자를 먹고, 자전거를 타고 재미있는 유머를 개발한다. 뭐라고? 아니 아니, 피자를 손에 들고 자전거에 올라타 여기저기 돌아다니며 얘깃거리를 생각하는 건 아냐.

토니 드 솔스는 기저귀를 차고 기어 다닐 때부터 크레용을 쥐고 놀면서 여기 저기 낙서를 하고 다녔다. 《앗! 이렇게 재미있는 과학이!》에서 무시무시한 질병에 관한 이야기를 쓸 거라는 얘기를 들은 그는 콜레라를 옮기고 다니는 모기를 그리는 어려운 일에도 기꺼이 찬성했다.

그림을 그리지 않을 때는 무슨 일을 할까? 시 쓰기도 좋아하고, 스쿼시도 즐긴다고 한다. 그런데 스쿼시에 대해 시를 쓰거나 하진 않는대.

책머리에

어디 아픈 데는 없겠지?

안 아프다면 정말 다행이고, 만약 아픈 데가 있다면 부디 《앗! 이렇게 재미있는 과학이!》에서 추천하는 치료법을 사용해 보도록. 눈 질끈 감고 책을 연 다음 한 숟가락 듬뿍 읽어 봐. 반드시 식후 30분에 읽어야 해. 밥 먹기 전에 읽으면 입맛을 잃을 지도 모르거든. 하지만 금방 몸이 좋아지는 걸 느낄 수 있을 거야. 웃음은 만병 통치약이니까.

차례만
읽어도
이런
상태가 됨.

만약 아프지 않은 사람이라도 좋은 유머 감각을 잃어버리지 않으려면 이 책을 읽어 두는 게 좋을 거야.

이 책은 특히 '과수지' 병에 걸린 사람들에게 특효약이지. '과수

전염성 병원균,
어쩌고 저쩌고,
중얼중얼, 웅웅웅
아우,
지겨워.
난
지겨워
죽겠어.
난 죽어
버렸어.

지' 병이 뭐냐구? 과학 수업을 지겨워하는 병을 말해. 이 병에 걸린 사람은 과학 시간만 되면 책상 위로 몸이 숙여지고 갑자기 졸음이 쏟아져 어쩔 줄 모르게 돼. '과수지' 병은 정말 정말 잘 낫지도 않는 지겨운 병이지.

'과수지' 병에 걸린 여러분! 방법이 있으니 기운을 내. 이 책에는 의학적으로 증명된 치료약 성분이 들어 있으니까. 질병 유머, 질병 이야기, 진짜 신기한 질병에 관한 사실 등을 읽고 나면 머리 속이 맑아지면서 힘이 샘솟아 '과수지' 병 따윈 말끔히 몰아내 버릴 수 있을 거야. 이 책에 나오는 치료법이 어찌나 좋은지 책을 읽고 안 사실을 과학 선생님이나 의사 선생님께 시험해 볼 수 있을 정도가 된다니까. 늘 우리만 시험을 봤는데, 이번엔 거꾸로 선생님께 시험 문제를 내 보는 거야. 신나겠다!

설사가 담긴 통을 들고 마신 간호사 이야기를 읽어 볼까?

건배
변변찮은 간호사
변변찮은 간호사의 변기

자기가 연구하던 병에 걸려 죽은 과학자를 찾아보는 건 어떨까?

연구하던 중에 병에 걸려 죽었다며?
병에 걸린 중에 연구하다 죽었을걸?

질병 연구에 대해 토론하던 의사들이 서로 싸우다가 상대를 죽인 이상한 이야기를 읽게 될 거야.

내가 맞다니까! 너 죽고 나 죽자!
내가 죽기 전엔 어림없지!

아직 기분이 별로 나아지지 않았다고? 금방 나아질 테니까 책 읽기 요법을 계속 하도록! 하지만 주의할 게 있는데….

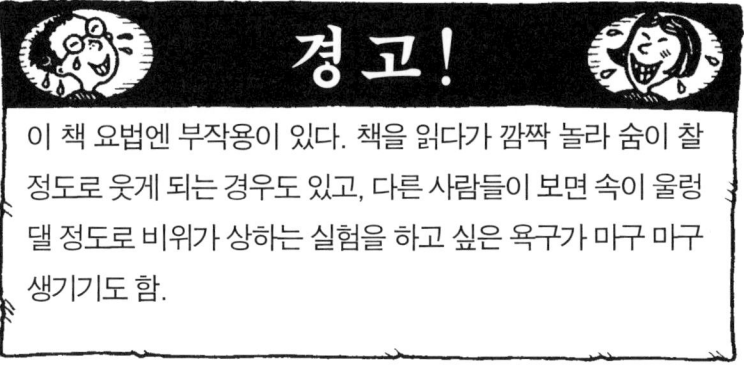

경고!

이 책 요법엔 부작용이 있다. 책을 읽다가 깜짝 놀라 숨이 찰 정도로 웃게 되는 경우도 있고, 다른 사람들이 보면 속이 울렁댈 정도로 비위가 상하는 실험을 하고 싶은 욕구가 마구 마구 생기기도 함.

자, 뭘 망설여? 책장을 휙 넘기자고….

무시무시한 질병의 진실

인류를 멸종시킬 병이 발생할 수도 있어요!

이런 얘길 들으니 무시무시하지? 하지만 사실이 그런걸. 그렇다고 미리 '살아남을 방법 없나' 하면서 머리 싸매고 고민하지 말고 일단 이야기 속으로 들어가 볼까?

외계인의 침략

'토요일 저녁 7시 30분. 외계인 나타나다.'

그 시간 알렉스의 가족은 차를 마시고 있었다. 창가에 커다랗고 어두운 초록 그림자가 어른거렸는데 둔하게 움직이는 모습이 꼭 곰 같았다. 외계인들이었다. 외계인은 뜨거운 연기를 뿜어내는 총으로 문을 녹여 버리고 집 안으로 침입했다. 두 눈을 번들거리고 있는 외계인의 몸은 꼭 커다란 오징어 같았다. 그리고 입 주위엔 오징어 다리 같은 촉수가 여러 개 달려 있었다.

"아-악!"

알렉스가 비명을 질렀다.

"아니, 이런!"

알렉스의 아버지가 놀라 소리쳤다.

"안녕하세요, 목사님."

안경을 잃어버린 엄마가 두리번거리며 이렇게 말했다.

"울라, 울라, 울라."

외계인은 이렇게 중얼거리면서 송곳같이 날카로운 손을 내밀었다.

세 사람은 너무 놀라 달아나기 시작했다. 속이 뒤집힐 것 같은 냄새와 함께 '위-잉' 하는 소리가 뒤에서 들렸다. 외계인이 고양이를 전자 레인지에 넣고 돌린 것이었다.

몇 시간 지나지 않아 이 지역을 보호하기 위해 군대가 들어왔다. 도로에는 도망치려는 사람들로 뒤엉켜 있었다. 하지만 어디로 가야 할지 몰라 하나같이 겁에 질린 상태였다.

"당황하지 마십시오!"

'웨-엥' 소리가 나는 메가폰을 든 장군이 소리쳤다.

"우리가 저들을 무찌르겠습니다!"

바로 그 때, 하늘을 붉게 물들이며 연기가 몰려왔다. 붉은 연기 구름은 뭉게뭉게 피어나면서 파도처럼 밀려들었다. 그러자 연기를 맨 앞에서 쐰 선발대 군인들이 비틀비틀 넘어지며 숨이 막혀 뒹굴기 시작했다.

"산소 마스크!"

장군이 명령을 내렸다.

"저… 저기…죄송하지만 장군님, 막사에 두고 왔는데요."

장군의 참모가 더듬거리며 말했다.

"그렇다면 …작전상 후퇴다. 후퇴하라!"

장군이 으르렁거리며 소리쳤다.

"다시 올 건가요, 장군님?"

참모가 장군에게 물었다. 장군은 천둥처럼 고함을 지르며 손을 내저었다.

"이 바보야. 그건 도망간다는 뜻이야!"

얼마 지나지 않아 온 나라가 대혼란에 빠져들었다. 거리거리마다 연기를 피해 도망가려는 차들로 빽빽이 들어찼다. 붉은 연기는 어디에든 들러붙었고, 문틈으로도 스며 들어왔다. TV도 볼 수 없었다. 외계인들이 전기를 모조리 다 끊어 버렸기 때문이었다. 그리고 마침내 학교도 문을 닫았다. 알렉스 가족은 하수구 속으로 몸을 숨겼다.

"맑은 공기 좀 쐬면 좋겠어."

알렉스가 입구 쪽으로 기어가며 투덜거렸다.

"이 지하철은 청소를 좀 해야겠어."

아직도 안경을 찾지 못한 엄마의 말이었다.

"붉은 연기에 붙잡힐 걸 생각해 봐. 맑은 공기가 문제냐?"

아버지가 꾸짖으셨지만, 아들은 들은 척도 하지 않았다.

알렉스가 코를 킁킁거렸다. 공기가 산뜻하게 느껴졌다. 이제 하수도가 끝났나 보군. 이제 먹을 걸 찾으러 나가도 안전할 것 같아 살금살금 도로 쪽으로 기어 내려갔다. 그 순간 너무 놀라 온몸이 얼어붙어 버렸다. 모퉁이에 외계인 순찰대가 나타난 것이다! 몸을 숨길 데도 없었다. 알렉스는 눈을 꽉 감았다. 이제 외계인한테 잡혀서 전자 레인지에 들어가는 신세가 되겠지.

그런데 우째 이런 일이! 외계인이 그냥 지나가고 있었다.

외계인들은 발을 질질 끌며 비틀비틀 돌아다녔다. 그리고 이런 소리가 들려왔다.

"울라, 어글, 거글!"

그 녀석들 입에서 주황색 침 같은 것이 줄줄 흐르고 오징어 다리 같은 촉수는 축 늘어져 있었다.

알렉스는 용기를 내 외계인 뒤를 따라갔다. 외계인이 넓은 들판에 다다랐을 때, 알렉스는 너무나 놀라운 광경을 보게 되었다. 우주선 여러 대가 꼭 술에 취한 것처럼 뒹굴고 있었고, 그 주위에 외계인들이 누워 있었다. 죽어 있는 녀석도 많았고, 아직 죽지는 않았지만 온몸을 뒤틀며 괴로워하는 녀석도 몇몇 보였다. 그리고 배추 썩는 것 같은 냄새가 코를 찔렀다.

이게 도대체 무슨 일이지?

외계인은 병에 걸린 것이다. 그것도 아주 무서운 병에….

어떻게 이런 일이 일어난 거지? 이유가 뭘까?

바로 그 때 외계인 하나가 재채기를 했는데 시퍼러둥둥한 콧물이 주르르 흘러내렸다. 아하! 이제 알았다. 녀석들이 한 번 걸렸다하면 잘 낫지도 않고 지독하게 고생하는 감기에 걸린 거구나! 군대도 쳐부수지 못했고, 인간의 힘으로는 도저히 어떻게 해 볼 도리가 없었는데…. 그깟 별것 아닌 세균이 외계인을 무찔러 버리다니!

참 재미있는 얘기였지? 이 이야기는 H.G. 웰스(1866~1946, 영국의 유명한 소설가)가 쓴 〈우주 전쟁〉이란 소설에서 힌트를 얻어 쓴 글이야. 그 소설엔 지구의 질병이 외계인을 물리친다는 내용이 들어 있거든. 이런 얘기 들어 봤나 모르겠네. 아마 한 번도 들어 본 적 없을걸. 우리가 사는 땅의 6.4 cm^2 안에는 4,000마리나 되는 세균이 우글우글 모여 있고, 그것들은 사람들의 몸에 들어가려고 호시탐탐 기회를 노리고 있다는 사실! 몰랐지? 큰 도시에 사는 사람들은 더 놀랄걸. 도시의 공기 속에는 약 40만 마리나 되는 세균이 우리 머리 위를 빙빙 맴돌고 있대. 이런! 너무 놀라

머리카락이 다 쭈뼛쭈뼛 서 버렸네.

이렇게 세균이 많으니 외계인이 병에 걸리는 것도 무리는 아니지.

우리는 앞으로 어떻게 될까? 우리도 외계인들처럼 전멸되는 건 아닐까? 글쎄, 병원균에 감염되면 몸도 아프고 잘못하면 죽을 수도 있지. 자, 어두컴컴한 세균 세상에 들어가기 전에 할 일이 있어. 적을 알아야 적을 이기지. 여러분이 지금 세균에 대해 얼마나 아는지 한 번 확인해 볼까?

이상하고 요상한 질병 퀴즈

1. 다음 중 감기에 걸리지 않는 생물은?

a) 선생님

b) 흰담비

c) 물고기

2. 다음 중 콧물을 훌쩍대지 않는 것은?

a) 돼지

b) 오리

c) 쥐며느리

3. 다음 방법 중 나쁜 병균을 죽일 수 없는 방법은?

a) 썩은 살 위에 구더기를 올려놓는다.

b) 상처에 꿀을 바른다.

c) 상처에 박쥐 똥을 한 덩어리 퐁당 떨어뜨린다.

4. 다음 중 세균이 없는 곳은?

a) 달
b) 화성
c) 학교 급식

5. 다음 중 세균을 죽일 수 없는 것은?
a) 달에서 갖고 온 먼지
b) 계란, 우유, 설탕을 섞어 만든 달콤하고 부드러운 빵
c) 변기 청소용 세제

정답

1. c) 물고기가 감기에 걸린다면? 휴지가 물에 다 젖어 버려서 코를 풀 수가 없겠지.

눈알이 가물가물해.
가물치답네.

1930년대에 한 과학자가 재미있는 연구를 했는데, 흰담비가 감기에 걸리는지 걸리지 않는지를 살펴보는 것이었다. 감기에 걸린 흰담비가 다른 흰담비의 얼굴에 대고 재채기를 하면, 재채기 세례를 받은 흰담비는 감기가 옮아 병에 걸린다는 걸 알아냈다.

기분이 좋지 않아.
시어머니 쥐한테 혼났니?

2. c) 쥐며느리가 감기 시럽을 홀짝홀짝 마시는 모습, 상상이 돼? 실제로 우리 사람은 돼지나 오리한테서 감기가 옮을 수도 있다(그럼 수의사 선생님을 찾아가야 하나?). 첫째, 공기 중에 떠다니는 병균을 숨을 쉬면서 들이마실 수 있다. 둘째, 동물의 배설물(똥도 포함되겠지?) 속에 들어 있던 병균이 배설물과 함께 물에 섞이게 되고, 그 물을 마시게 될 수도 있다. 그러면 동물의 병이 사람에게 옮게 된다. 생각만 해도 지저분해서 어쩔 줄 모르겠지?

3. c) 배설물에는 세균이 득실득실하다. 미국 워싱턴 D.C.에 있는 병원의 의사 선생님들이 세균에 감염된 한 소녀의 다리에 1,500 마리의 구더기를 올려놓은 적이 있다. 이 구더기들은 감염되지 않은 깨끗한 부분은 가만히 놔두고 병균과 썩은 살만 파먹었다고 한다. 꿀은 세균을 죽이기에 아주 좋은 무기다. 꿀에 들어 있는 당분이 세균을 바짝 말려 죽이기 때문이다. 그래서 꿀병을 개봉한 채 몇 개월을 선반 위에 두어도 이상이 생기지 않는 거지. 주의할 것 한 가지! 꿀이 상처에 좋다고 해서 꿀을 숟가락으로 퍼 내 딱지 앉은 상처 부위에 펴 바른 다음, 그 숟가락을 다시 꿀병에 넣어두어서는 안 된다. 그랬다간 꿀 위에 이상한 자국이 남을 테니까.

꿀에 땅콩 버터 발라 놓은 녀석이 누구야?
HONEY
우리 집엔 땅콩 버터 없는데요.

4. b) 1977년 과학자들은 화성에서 채취한 흙에 세균이 있는지 조사해 보았다. 하지만 어떤 세균도 발견되지 않았다. 식당 음식에도 잘 살펴보면 세균이 잔뜩 들어 있다. 심지어 달에서도 세균을 찾아볼 수 있었다. 1970년대 우주 비행사들이 1967년에 달에 놓아두고 온 달 착륙선에서 일부를 떼내 지구로 가져왔다. 그런데 탐사선에 부착된 카메라 보호 케이스 속에서 세균을 발견했다. 장비를 만들 때 누군가 흘린 콧물이 장비를 만드는 재료 속으로 들어갔고, 그 콧물 속에 세균이 들어 있었던 것이다. 세상에! 세균

주제에 달까지 날아가고, 거기다 여태껏 살아 있었다니!

아직도 살아 있다니!
콧물이에요.
맞아, 끈질긴 콧물.

5. b) 계란, 우유, 설탕이 들어간 빵! 말만 들어도 세균이 바글바글 모일걸. 변기 청소용 세제 속엔 표백제가 들어 있는데, 이것은 세균을 죽이는 데 탁월한 효과가 있다. 미국 휴스턴에 있는 과학자들이 달 먼지를 조사해 봤더니 그 속에 세균을 죽이는 화학 성분이 들어 있었다고 한다. 하지만 달 먼지를 가져다 집 안을 소독하긴 좀 어려울 것 같다. 달 먼지를 파는 가게도 잘 없고, 아마 적어도 1g에 8400만 원은 내라고 할걸.

독자 여러분께!

이 책은 겉모습은 작지만, 안을 들여다보면 아주 큰 세계가 펼쳐져 있다. 여기에 담겨 있는 질병은 수천 가지나 된다. 속을 울렁거리게 만드는 병, 역겨운 냄새가 나는 병, 엄마께는 도저히 말 못할 것 같은 병 등등. 해로운 화학 성분이 몸에 들어와 생긴 병, 내장에 있는 기생충 때문에 생긴 병도 있다. 이 수많은 질병에 대해 다 알아보려면 아마 책장만큼 큰 책이 필요할 거다. 그러므로 이 책에선 아주 치명적인 질병, 그 중에서도 아주 조그만 생물 즉 미생물이 일으키는 병에 대해서만 알아보겠다.

걱정 마, 네 병은 미생물 때문이 아니라….
그저 장에 기생충이 조금 생긴 것뿐이니까.

자, 이제 기분이 어때? 으슬으슬 떨리고 약간 아프지 않아? 세균들이 여러분의 몸에 들어가 굼실대고 있는지도 모른다. 어쩌면 이 책 뒤에 나올 무시무시한 병에 벌써 걸려버린 건 아닐까?

주르륵
으슬으슬
달달달
덜덜덜

우리들의 주치의 선생님을 모시겠다. 선생님의 성함은 엉뚱괴기 박사. 이 세상에서 가장 이상한 의사 선생님이지. 박사님도 '앗! 이렇게 재미있는 과학이!'를 읽으셨더라면 지금보다는 상태가 나을 텐데…. 어떤 이상한 말을 해 주실지 들어 보자.

엉뚱괴기 박사의 질병 진단법

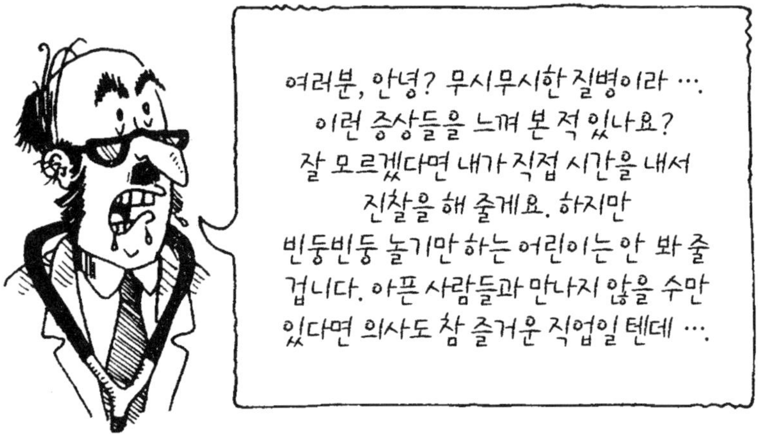
여러분, 안녕? 무시무시한 질병이라 …. 이런 증상들을 느껴 본 적 있나요? 잘 모르겠다면 내가 직접 시간을 내서 진찰을 해 줄게요. 하지만 빈둥빈둥 놀기만 하는 어린이는 안 봐 줄 겁니다. 아픈 사람들과 만나지 않을 수만 있다면 의사도 참 즐거운 직업일 텐데 ….

때로는 어여쁜 초록색을 띤다.

심한 기침

기침은 해로울 게 없죠. 나는 환자들에게 기침을 하라고 권합니다. 기침이란 우리 몸 스스로 병균에 감염돼 생긴 콧물과 가래를 제거하는 방법이니까요. 기침이 심하게 나고, 열이 있거나, 겨드랑이 아래가 붓고, 피부에 검은 반점이 생기는 것 등은 모두 전염병의 증상입니다. 이런 것들은 모두 땅 속에 묻어 버리는 게 가장 좋은 치료법이죠.

독자 여러분!
박사님의 유머 감각이 부족한 점, 널리 이해해 주세요. 엉뚱괴기 박사님은 의학 박사이지 유머 박사는 아니랍니다.

끔찍한 설사

꼭 필요한
물건이죠.

설사가 심해지면 변이 갈색에서 초록색으로 바뀝니다. 나중엔 색이 점점 흐려지면서 장 점막(내장의 표피)까지 섞여 있죠. 이 정도 되면 콜레라를 의심해 볼 수 있습니다. 치료하지 않고 그대로 두면 설사가 그치지 않고 계속 되다가 결국 몸에서 수분이 다 빠져나가 버릴 겁니다. 내 오랜 친구 쿡쿡쑤셔 박사도 콜레라에 걸려 거의 죽을 뻔하다가 살아났다는 거 아닙니까.

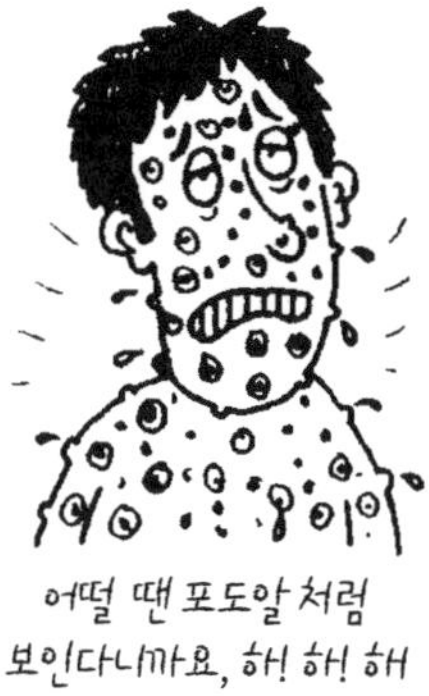
어떨 땐 포도알처럼
보인다니까요, 해! 해! 해

고름이 가득찬 종기

농포란 별로 강력하지 않은 병균에 감염된 후에 돋아나는 것으로, 속에 고름이 들어 있어요. 열이 심하게 나고, 근육이 아프고, 허리 위쪽으로 온몸에 고름이 가득 찬 종기가 돋아나면 이건 천연두의 증상입니다. 증세가 심한 경우에는 살이 뭉텅 썩어서 떨어지는 경우도 있어요. 정말 지저분한 일이죠.

끊임없이 침이 줄줄줄

입 폭포를
구경하시라!

침이 걷잡을 수 없이 흐른다면 광견병일지 모릅니다. 물이 무섭게 느껴지고 침을 삼킬 수도 없죠. 이 정도로 병이 깊어지면 달리 치료 방법이 없어요. 나한테 뭘 기대합니까? 내가 고칠 수 있을 것 같아요?

피부가 밝은 노란빛을 띠면

간이 제 기능을 하지 못해 몸에 들어온 해로운 것들이 해독되지 못하고 피부 아래에 저장된 것입니다. 우리 의사들은 이것을 '황달' 이라고 부르죠.

속으론 죽을 맛,
겉으론 바나나 맛

(간이 나쁜 사람에게 저는 양파를 먹으라고 권합니다. 양파는 입맛을 돋게 하거든요, 하! 하! 하!)

피부가 노래지고, 검은 색 구토를 하게 되면 황열에 걸린 겁니다. 전 눈에 띌 정도로 아주 새까만 구토물을 구해서 병에 담아 제 의학 수집품 목록에 끼워 뒀답니다.

새까만
구토물

여기 좀 보세요, 흠흠.
이런 무시무시한 병은 여간해선 잘 걸리지 않는답니다. 간단한 병의 경우엔 진통제를 먹고 한숨 푹 자고 나면 몸이 저절로 나아요. 그러니까 저나 다른 의사 선생님을 귀찮게 굴지 마세요. 미안하지만 이제 일하러 갈 시간이 돼서…. 이만 ….

이제부터 핏덩어리와 고름 같은 것에 대해 본격적으로 알아보겠다. 하지만 먼저, 한 가지 물어 볼 것이 있다. 생명을 위협하는 무시무시한 병을 일으키는 원인은 대체 뭘까? 그 이유는… 아차! 지금은 무시무시한 세균에 대해 알아볼 차례지. 미안하지만 그 답은 다음 장에서 알아보자.

으스스한 세균

아래의 현미경을 들여다볼까? 뭐가 보이지?

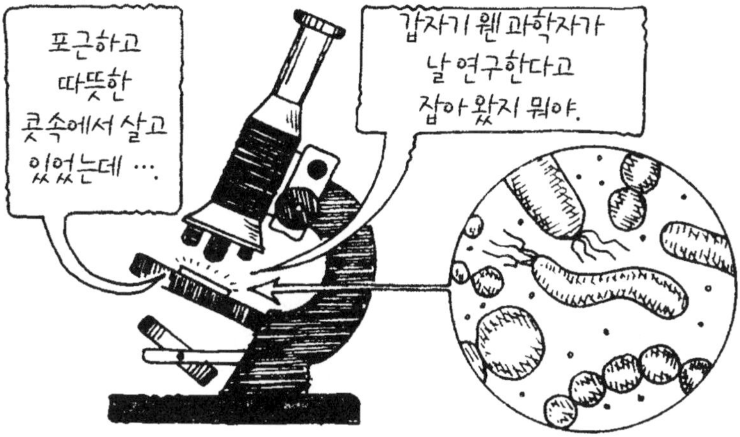
포근하고 따뜻한 콧속에서 살고 있었는데 ….
갑자기 웬 과학자가 날 연구한다고 잡아 왔지 뭐야.

별 거 아니라고 생각하겠지만, 이 녀석들은 우리 인류가 생겨난 이래 가장 악랄하고 치명적인 세균들이다. 이 악당들의 경력을 기록한 서류를 한 번 읽어 보자.

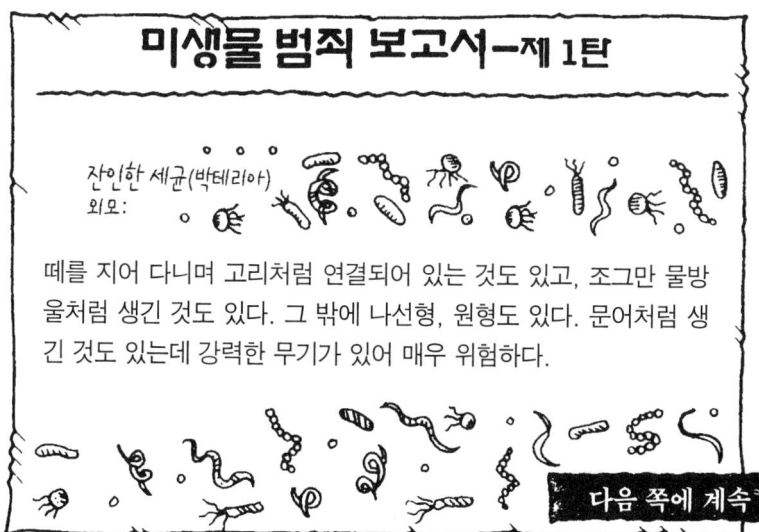

미생물 범죄 보고서-제 1탄

잔인한 세균(박테리아) 외모:

떼를 지어 다니며 고리처럼 연결되어 있는 것도 있고, 조그만 물방울처럼 생긴 것도 있다. 그 밖에 나선형, 원형도 있다. 문어처럼 생긴 것도 있는데 강력한 무기가 있어 매우 위험하다.

다음 쪽에 계속

크기

대부분의 세균은 0.5~1.5 mm 정도. 엄지 손톱 위에 세균 10,000 마리를 줄 세워 놓을 수 있다. 줄 세우고 난 뒤엔 반드시 손을 닦기를 권함!

녀석들이 사는 무시무시한 장소

없는 데가 없다! 특히 하수구나 똥더미 같은 더러운 곳을 좋아한다. 우리 내장에도 수만 마리가 산다. 하지만 내장 안에서는 별로 나쁜 짓을 하지 않는다. 방귀 냄새를 지독하게 만드는 것만 빼고!

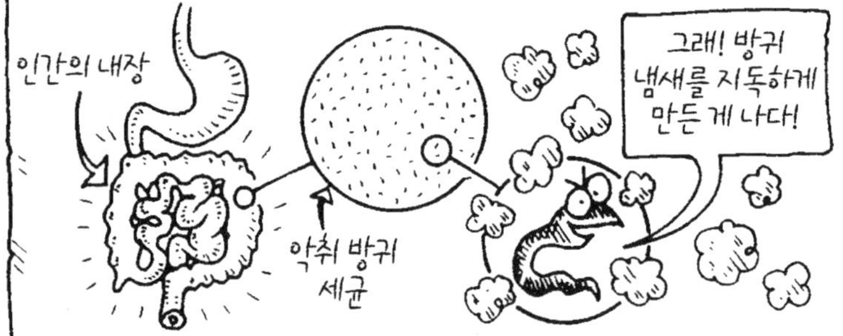
인간의 내장
악취 방귀 세균
그래! 방귀 냄새를 지독하게 만든 게 나다!

좋아하는 음식

식성이 까다로운 편은 아니다. 학교 급식도 좋아라 먹는 정도니까! 특히 동물 시체나 살아 있는 동물의 피부 아래에 있는 것을 먹기 좋아한다. 사람의 피를 좋아하는 세균은 많은데, 피는 따뜻해서 편하고, 끈끈하고 달콤해서 간식거리로 최고이기 때문이다. 피 속에는 당분이 꿀만큼 많지는 않지만, 세균이 살아 남기에 딱 좋을 정도 들어 있다. 세균들은 복도 많지.

우물우물
허겁지겁
냠냠짭짭
맛 좋다!
좋아 좋아
후루룩 쩝쩝
에이
우욱
웩

살아 있는 동물 죽은 동물 피 급식

세균 악당들의 취미 활동

이 녀석들은 독이 있는 화학 성분을 만들어 낸다. 이것은 독소라는 물질로 사람의 신경 조직에 침투해서 온몸을 마비시킨다. 또한 호흡을 멈추게 하거나 심장 박동에 장애를 일으켜 피가 돌지 못하게 심술을 부리기도 한다. 정말 피도 눈물도 없는 악당이다.

살벌한 생활 방식

세균은 배부르고 따뜻해지면 기분 좋게 증식을 한다. 숫자가 늘어나는 것을 말하는 건데, 반으로 갈라지는 방법으로 증식한다(잔인한 녀석들! 마음도 갈라져서 그렇게 정서가 메마른 거겠지?) 이런 증식 활동은 20분마다 일어난다. 즉, 세균 한 마리는 9시간만에 1억 마리로 늘어난다는 놀라운 사실!

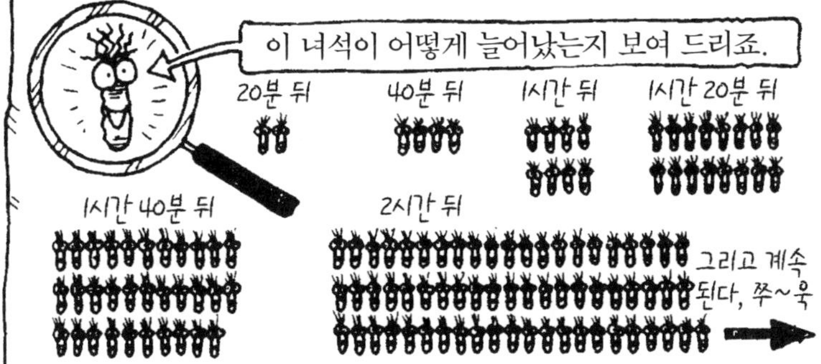
이 녀석이 어떻게 늘어났는지 보여 드리죠.
20분 뒤
40분 뒤
1시간 뒤
1시간 20분 뒤
1시간 40분 뒤
2시간 뒤
그리고 계속 된다, 쭈~욱

사람의 몸 안에서 이렇게 수가 불어나면 커다란 혹이 만들어져 신체 조직에 이상을 일으키고 결국 죽음을 불러올 수도 있다. 끔찍하군!

TV? 아니 TB, 결핵 말이야

자, 지금쯤이면 내 몸 속 어딘가에 병을 일으키는 박테리아가 숨어 있는 게 아닌가 하고 걱정하고 있겠지? 물론 숨어 있지. 그것도 많~이. 전염병이나 콜레라 말고도 TB라고 부르는 결핵에 걸릴 수도 있다. 엉뚱괴기 박사님이 쓴 신문 칼럼을 읽으면서 어떤 건지 알아볼까?

건강 일보

아프십니까? 엉뚱괴기 박사에게 물어 보십시오.

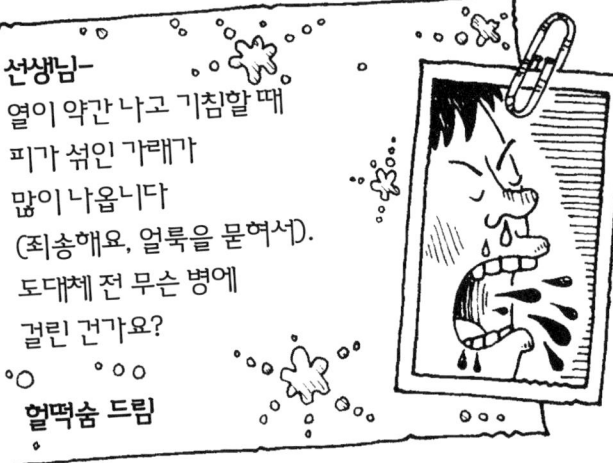

선생님-
열이 약간 나고 기침할 때
피가 섞인 가래가
많이 나옵니다
(죄송해요, 얼룩을 묻혀서).
도대체 전 무슨 병에
걸린 건가요?

헐떡숨 드림

헐떡숨 씨께

저는 세균을 배양해서 그게 무슨 병을 일으키는 것인지 알아보는 걸 아주 좋아한답니다. 헐떡숨 씨 편지에 있는 얼룩에서 세균을 하나 찾아냈죠. 확인해 봤더니 당신은 TB, 즉 결핵에 걸렸더군요. 이런 말씀 드려서 안됐지만 결핵은 폐에 생기는 병 가운데서 사망률이 가장 높은 병이랍니다. 하지만 걱정 마세요. *항생제를 먹으면 분명 나을 테니까요.

추신: 박사님이라고 불러요.

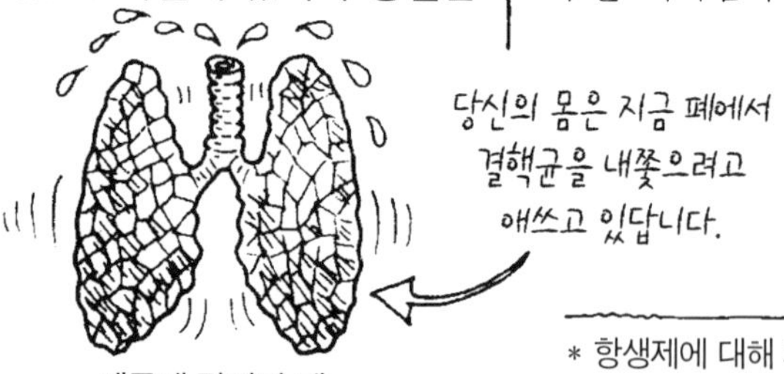
당신의 몸은 지금 폐에서
결핵균을 내쫓으려고
애쓰고 있답니다.

세균에 감염된 폐

항생제

* 항생제에 대해 자세히 알고 싶으면 74쪽을 보세요.

이 정도 설명으로는 부족하다구? 미생물 범죄 보고서 제2탄이 있으니까 계속 보면서 공부하지, 뭐.

미생물 범죄 보고서-제2탄

잔인한 바이러스

외모: 좀 이상하게 생겼다. 어떤 건 달 탐사선같이 생겼고, 어떤 건 온통 가시 같은 뾰족한 침으로 둘러싸인 어뢰(잠수함에서 발사하는 물 속 대포)처럼 보인다.

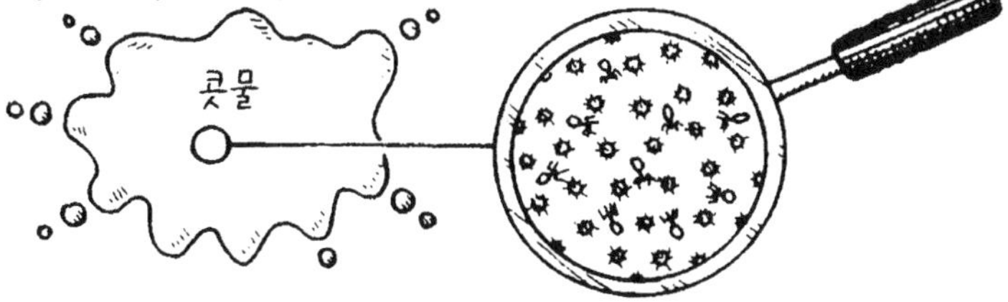
콧물

크기: 17~300 나노미터(1나노미터는 10억분의 1미터). 또 엄지 손톱 위에 올려 볼까? 몇 개나 올릴 수 있을까? 놀라지 마시라, 무려 천만개!(줄 세우는 동안 손을 움직이지 않고 가만히 오래오래 견딜 수만 있다면)

어뢰
강력한 파괴력
보다 강력한 파괴력
바이러스

녀석들이 사는 무시무시한 장소: 바이러스는 더위나 추위에 견딜 수 있게 막아 주는 몸을 갖고 있지 않기 때문에 남의 집에 들어가서 산다(그래도 경찰이 잡아갈 수 없다. 왜냐고? 우리 몸을 이루고 있는 물방울같이 생긴 아주 작은 세포 안에 사니까).

좋아하는 음식

바이러스는 먹지도 숨쉬지도 않는다. 사실대로 말하자면 바이러스는 살아 있는 게 아니라고 말하는 과학자도 있다. 음… 바이러스는 뱀파이어 같은 것이라고 생각하면 이해하기가 쉬울 것 같다. 죽은 것도 산 것도 아니면서 갑자기 사람을 덮친다는 점에서 둘은 비슷하다. 둘다 사람을 아프게 만드는 암적인 존재이기도 하지.

바이러스 악당의 활동

바이러스는 세포에 달라붙어 세포 통제 시스템에 몰래 들어간다. 통제실을 장악한 다음엔 바이러스 숫자를 늘리라고 명령한다. 한 세포가 죽을 때까지 실컷 이용한 다음, 또 어떤 세포를 괴롭힐까 하고 찾아 나선다(자세한 내용은 117쪽 참고).

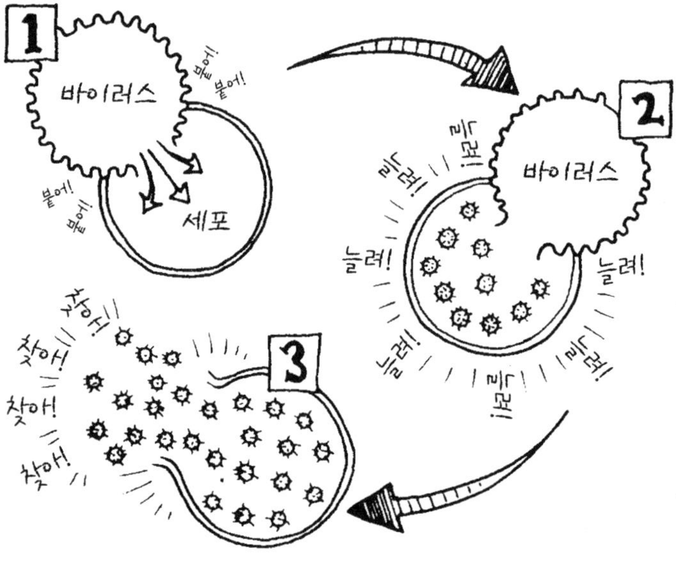
1
바이러스
붙어!
붙어!
붙어!
붙어!
세포
2
바이러스
늘려!
늘려!
늘려!
늘려!
늘려!
늘려!
늘려!
3
찾아!
찾아!
찾아!
찾아!

살벌한 생활 방식

기침이나 재채기를 할 때 조그만 침방울이 튀지? 바이러스는 그 침을 통해 퍼져나가기도 한다. 재채기 한 번에 이렇게 큰 위험이 도사리고 있는지 몰랐을걸? 여기 손수건에 적어 놓은 글을 읽어 봐. 재미있을 거야(손수건으로 코를 풀거나 침을 닦았는지도 몰라).

콧물과 재채기에 관한 진실

1. 재채기를 한 번 할 때마다 6백만 개나 되는 바이러스가 밖으로 나온다. 언제 감기 걸리기를 기다렸다가 재채기가 나오면 바이러스가 몇 마리나 들어 있는지 세어 봐!

2. 재채기를 하면 현미경으로 보아야 할 만큼 아주 작은 콧물 방울이 입과 코에서 수백만 개나 튀어나온다. 그것도 시속 64km나 되는 빠른 속도로! 이 정도 속도하면 나뭇가지를 부러뜨릴 정도로 강한 바람의 속도와 맞먹는다.

3. 밖으로 튀어나온 콧물 방울은 몇 초 안에 다 말라 버리고 작은 총알처럼 딱딱하고 건조한 병균 상태로 남는다(하지만 너무 가벼워서 총알을 맞은 것 같은 기분은 들지 않아). 이 콧물 총알은 다른 사람의 목이나 코로 들어가기도 하고, 손에 묻었다가 손가락을 입에 가져갈 때 입 안으로 쏙 들어가기도 한다. 이런 식으로 병균이 다른 사람에게 옮겨간다는 것, 이제 알겠지?

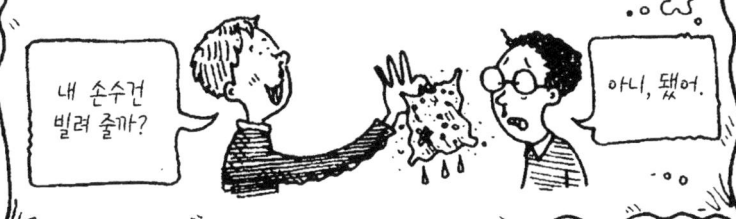

내 손수건 빌려 줄까?
아니, 됐어.

미생물 범죄 보고서-제3탄

중간에 끼어 든 불쾌한 손님

이름이 이상하다고? 미생물 범죄 보고서 제3탄에서 살펴볼 악당의 과학적인 이름은 아니니까 외울 필요 없다. 이 녀석들은 세균보다는 작고 바이러스보다는 큰 중간 크기의 생물이다. 자, 그 유명한 '리케차'를 소개하겠다.

다음 쪽에 계속

외모: 무색 젤리 타입의 조그만 덩어리.

슬금슬금
꼼지락꼼지락
미끈미끈
꿈틀꿈틀

크기: 지름 0.5마이크로미터. 엄지 손톱 위에 2만 마리를 올릴 수 있다(아까 줄 세웠던 바이러스 녀석들은 어디로 치우지?).

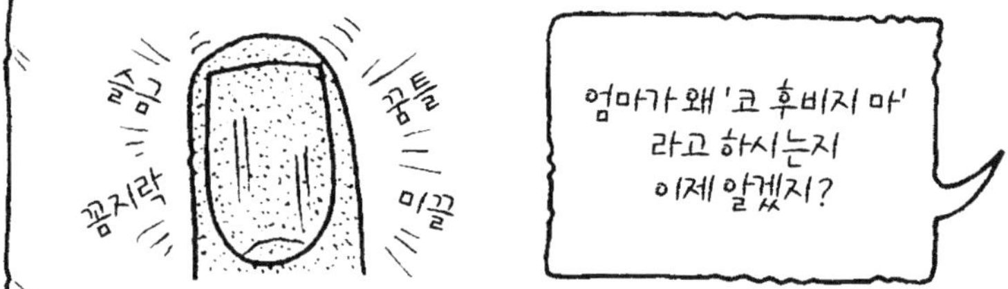
슬금
꿈틀
꼼지락
미끌
엄마가 왜 '코 후비지 마' 라고 하시는지 이제 알겠지?

녀석들이 사는 무시무시한 장소: 리케차는 진드기나 이 같은 벌레 속에 산다. 리케차는 피를 빨아먹는 이 안에 살고, 그 이는 잘 씻지 않아 더러운 사람 몸에 붙어 살면서 지저분한 병을 옮긴다. 병균은 이의 배설물이나 알 속에 있는데, 우리가 가려워서 몸을 긁을 때 긁힌 피부 상처를 통해 몸 안으로 들어간다.

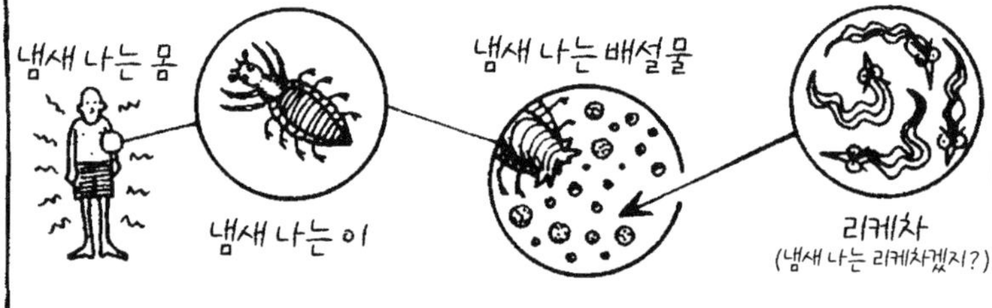
냄새 나는 몸
냄새 나는 이
냄새 나는 배설물
리케차
(냄새 나는 리케차겠지?)

리케차는 아주 작아서 세포 속에 쏙 숨어 버리면 여간해서 찾기 어렵다.

리케차 악당의 활동:

리케차는 '발진티푸스' 병을 일으킨다.

이건 몰랐지롱!

리케차는 이 이름 외에 우아한 이름을 따로 갖고 있다. 리케차 프로우아제키. 자기네 세균들끼리는 '리키'라는 예명으로 부른다나 어쨌다나…. 확인할 방법이 없어서 정확한지는 모르겠다. 리케차 프로우아제키라는 이름은 미국의 하워드 리케츠(1877~1910)와 체코의 프로바젝(1875~1915)이라는 과학자의 이름을 따서 만든 것이다. 리케츠는 1909년에 이 세균을 처음 발견한 사람이고, 프로바젝은 1915년에 이것을 연구한 사람이다. 그런데 무슨 일이 일어났는지 알아? 이 두 사람 모두 발진티푸스에 걸려 죽었대. 발진티푸스 바이러스가 두 사람한테 들키자 "니들이 날 발견했다 이거지? 그러면 나도 내 눈에 띈 너희들을 가만 놔 둘 수 없지." 한 것 아닐까?

내가 찾고, 프로바젝이 연구했지.
H. 리케츠 여기 잠들다 1877-1910
S.V. 프로바젝 여기 잠들다 1875-1915
그리고 둘 다 병에 걸려 죽었어.

도대체 발진티푸스가 무슨 병이지?

엉뚱괴기 박사가 그 무서운 진실을 파헤친다….

건강 일보

아프십니까? 도움이 필요하세요?

그럼, 엉뚱괴기 박사님께 편지를 보내세요. 만약 바쁘시지 않다면, 귀찮아도 시간을 쪼개서 질문에 답해 주실 겁니다.

엉뚱괴기 박사님께
그저께부터 등이 아프더니 오늘은 머리가 깨질 듯 아프고 열도 납니다. 그리고 피부가 빨갛게 짓무르기 시작했어요. 이러다가 죽는 것 아닐까요?

아야야 드림

아야야 씨께

당신 말대로 죽을지도 모르겠네요. 발진티푸스에 걸리셨습니다. 발진티푸스 바이러스로 인해 독소가 만들어지면 심장마비가 일어나 죽게 돼죠. 피부는 빨갛게 변했다가 썩을 거예요. 손가락이나 발가락에 세균이 감염되면 썩어서 떨어져 나갈 거고요. 혹시 낫고 싶다면 항생제를 드세요. 그럼 병이 더 심해지지 않을 겁니다. 이제 그만 줄이죠.

저한테 손가락 다섯 개만 주시면 연구에 무척 큰 도움이 될 것 같네요.
잠이 안 오면 침대 모서리에 누워 보세요. 그러면 금방 꿈나라로 털~썩 떨어질 테니까요.

다시 범죄 보고서로 돌아가 보자.

미생물 범죄 보고서–제4탄

원생동물

외모: 무색 젤리 타입의 작은 덩어리. 원생동물은 사람의 세포와 비슷하게 생겨서 사람 몸 속에 있으면 구별하기 어렵다. 초코파이 공장에서 잃어버린 초코 칩 부스러기 찾는 것처럼 어려운 일이다.

확대해서 본 원생동물
확대해서 본 인간 세포
확대해서 본 초코 칩

크기: 대개 0.5mm 이하. 이제 끔찍하게 지저분해진 엄지손톱 위에 그래도 또 원생동물을 올려 보고 싶다면 큰 걸로 스무 개 정도는 준비해야 할걸.

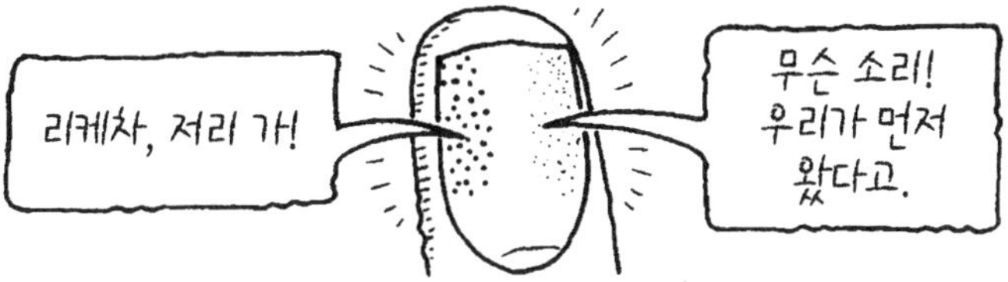
리케차, 저리 가!
무슨 소리! 우리가 먼저 왔다고.

끔찍한 녀석들이 사는 곳:

원생동물은 다른 생물의 몸 속을 자기 집 삼아 산다.
내장이나 핏속에 살면서 독소를 만들어 내 병을 일으킨다.

아~파~
나 죽을 것 같~아~.
그걸 어떻게 알아?
양의 육감으로 알 수 있어!

원생동물 악당의 활동:

질병 종류가 무엇인가에 따라 활동 방법도 다르다. 말라리아도 원생동물에 의해 생기는 병인데, 금붕어에 비유한다면 피라니아(식인 물고기)가 떼로 들어와 몸을 마구 물어뜯는 것처럼 엄청나게 아프다.

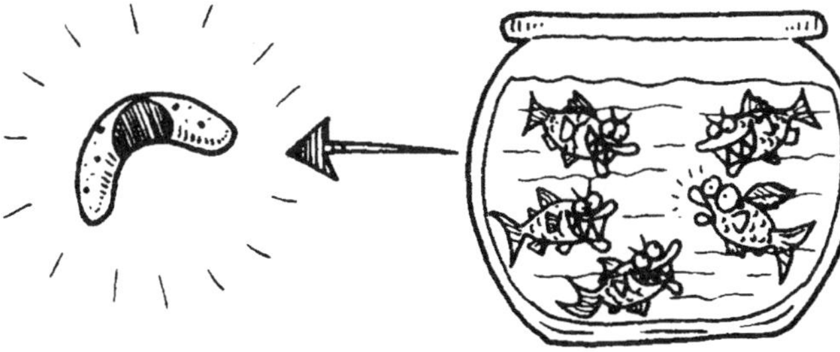

말라리아

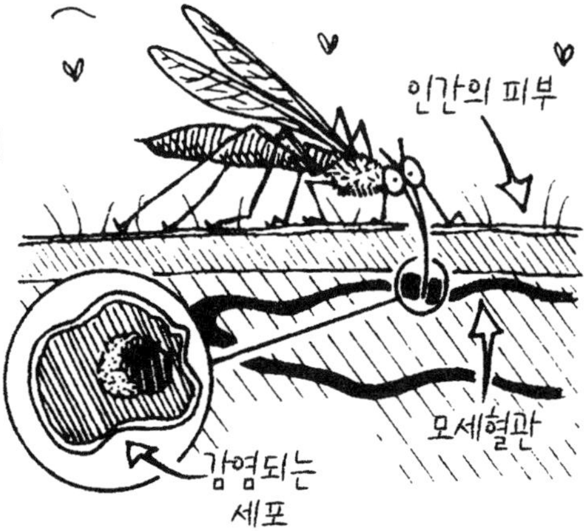
인간의 피부
모세혈관
감염되는
세포

말라리아에 관한 진실

1. 말라리아모기가 원생동물을 옮긴다.

2. 원생동물은 일생 동안 이사 다니느라 바쁘다. 모기의 위장에서 살다가 침샘으로 옮기고, 모기가 사람을 물면 사람 핏속으로 들어간다.

3. 사람의 핏속에서 독소를 만들고, 포도주처럼 붉은 혈액 세포를 마구 마셔 버린다(혈액 세포는 몸 전체에 산소를 공급하는 중요한 역할을 한다). 이렇게 해서 사람은 말라리아에 걸리게 된다.

좀 더 자세히:

1. 말라리아에는 네 종류가 있는데 각각 다른 종류의 원생동물이 병을 일으킨다.

말라리아 코스 요리
1-3코스: 근육통, 두통, 열 식은땀.
4코스: 위의 요리에 혈관 막힘과 근육 경련이 곁들여진다.

2. 네 종류 모두 근육통과 깨질 듯한 두통, 펄펄 끓는 열, 얼음 같은 식은땀을 동반한다. 그리고 병은 점점 심해진다.

3. 처음 두 단계에선 48시간마다 열이 난다. 세 번째 단계는 72시간마다, 그리고 네 번째는….

4. 정말 무서운 결말을 맞게 된다. 죽은 세포가 뇌혈관을 막아서 사망하는 경우가 전체 말라리아 환자 사망의 절반을 차지한다. 근육 경련도 일어나는데 얼마나 심한지 환자가 자신의 혀를 절반이나 깨물어 버리는 일도 있다.

한 혜번해 타혜야!
(난 네 번째 단계야!)

★ 이건 몰랐지롱!

1. 지금까지 살펴본 병원균들, 즉 세균, 바이러스, 원생동물은 수천만 년 전부터 지구에 살고 있었다. 대자연의 위대한 승리자라고나 할까? 그러니 이 녀석들한테 당한 건 우리 인간만이 아니다. 과학자들은 공룡 뼈 화석에서 세균의 흔적을 찾아 냈다. 아마 그 공룡 이름은 아이고내뼈야사우루스일 것 같다.

2. 우리 몸엔 매일 1억 개도 넘는 각질(죽은 세포)이 생긴다. 각질은 새 살이 만들어지면 몸에서 떨어져 나간다. 검은색 바지를 입었다가 뒤집어 벗어 본 적 있지? 바지 안감에 하얗게 묻어 있는 것이 바로 각질이야. 그리고 이런 각질의 2/3 이상에 바이러스와 세균이 들어 있다.

3. 방 청소를 하면 바닥에 떨어져 있는 각질을 휘젓게 되는데, 그러면 내 몸의 각질과 세균을 내 입과 코로 마시는 셈이 된다.

> 반드시 읽기 바람
>
> **각질과 세균이 코와 입으로 들어가는 걸 막겠다고 청소를 하지 않으면 큰일난다. 청소를 하지 않으면 세균과 바이러스를 전혀 없앨 수 없으니 건강에 더 나쁘다. 그렇다고 생각하지?**

나는야 의사 선생님

코에 종기가 난 환자가 왔다. 종기는 세균 때문에 생긴 것이고, 발갛게 부은 종기 안에는 황금색 고름이 가득 차 있다.

상태가 더 나빠질 가능성도 있다. 발에도 종기가 날지 모른다.

후끈후끈!

그러면 신발 속이 고름으로 질척거리겠지? 그럼, 종기 속의 고름은 무엇으로 되어 있을까?

a) 세균이 뿜어낸 가스

b) 세균이 빨아먹은 피

c) 죽은 혈액 세포와 죽은 세균

정답 c) 혈액 세포는 세균 적군에 맞서 싸우다가 장렬하게 전사했다.

> 반드시 알아 두어야 할 건강 상식
>
> **종기는 절대로 짜면 안 된다. 그렇게 하면 몸 속에 세균이 더 많이 들어간다. 잘못하면 눈 속으로 고름이 찍하고 튀어 들어가기도 한다. 우웩!**

아직도 더 알고 싶은 게 많다구? 생명을 위협하는 질병과 전쟁을 치르기 위해 작전을 세워 둔 일급 기밀 문서가 있긴 한데…. 마침 우리 손에 들어 왔으니 다음 장에서 공개하겠다.

우리 몸은 지금 전쟁 중

싸움 좋아하는 사람? 우리 몸은 싸움쟁이다. 날마다 싸움하느라 정신이 없으니까. 누구랑 싸우냐고? 적군은 세균이지! 앞에서 약속했듯이 일급 기밀 문서를 살짝 볼 수 있는 특별한 기회를 주겠다.

일급 기밀 문서

미생물 적군의 접근을 막아라!

신체 방어 전략

병균 박멸 소령

적으로부터 우리의 신체를 지키는 전략을 말하겠다. 이제부터 전문용어로 '면역계'라고 부르겠다. 면역계는 단계별 방어와 되받아치기 공격으로 이루어진다. 지금부터 내가 설명하는 것은 매우 중요하니까 반드시 정신 집중해서 듣도록!

군사 기지 및 도로

방어 체계는 림프계라는 군사 도로를 기본으로 하여 이루어진다. 곳곳에 림프절이라는 군사 거점이 있다. 여기는 백혈구가 세균과의 전투를 준비하며 힘을 기르는 곳이다.

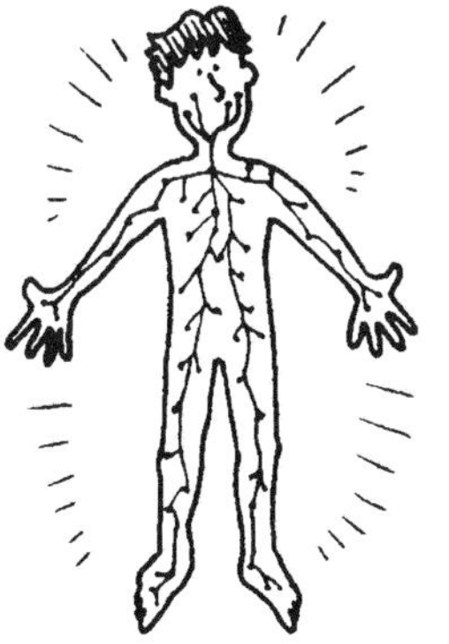

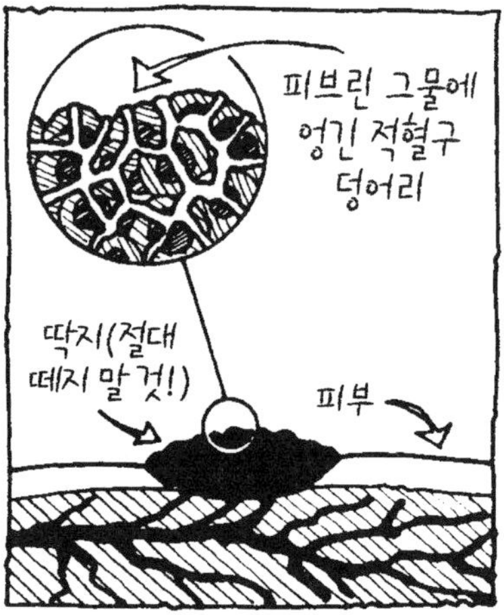
피브린 그물에
엉긴 적혈구
덩어리
딱지(절대
떼지 말 것!)
피부

* 피브린 – 혈액이 응고할 때 생기는
섬유 모양의 단백질

방어 부대

1. 피부 부대, 일명 막아내기 부대

세균이 두껍고 질긴 피부를 뚫고 들어오느라 기를 쓰는 모습은 언제 봐도 쌤통이다! 그런데 문제는 이 몸의 주인이 세균들을 돕는다는 사실이다. 살갗을 긁거나 상처를 내서 세균이 몸으로 들어가게 돕다니 도대체 아군이야, 적군이야?

2. 콧물 부대, 일명 밀어내기 부대

이 방어 부대의 특공 대원은 바로 '가래' 다. 코와 기도(두 손을 모아서 하는 기도 말고 공기가 지나가는 길) 그리고 내장에 생기는 끈끈한 콧물 · 가래가 적군을 밀어낸다. 그리고 가래 속에는 세균을 죽이는 물질이 들어 있다. 신체 방어 전투의 최전방에 배치된 부대는 마스트 세포이다. 마스트 세포는 보관하고 있는 화학 물질을 방출하라는 명령을 받는 즉시 히스타민을 내놓는다. 히스타민은 혈관벽으로 출동하여 세포 간의 간격을 넓힌다.

세포 간격이 헐거워지면 우리 몸의 킬러, 백혈구(39쪽을 참고)가 혈관벽을 빠져 나와 침략자와 전투를 벌인다.

한편 콧물 부대는 줄줄 흘러내리며 적을 밀어낸다.

애취!
모두 밀어내 버려!

코 후비는 사람은 무조건 철창행이다!

코를 후비는 사람, 그리고 이것도 모자라 그걸 먹는 사람들이 있다.
이런 점잖지 못한 행동을 하면 콧물 속에 있던 세균이 내장으로 들어간다.
위장에 들어 있는 소화액이 세균을 죽이면 다행이지만 만약 소화시키는 데 실패하면 설사를 하게 된다.

3. 격렬한 전투

a) 혈관벽 세포의 간격이 커지면 혈관은 자연히 늘어난다. 늘어난 혈관으로 더 많은 피가 몰리게 되고 그 부위는 뜨거워진다. 이제 왜 세균에 감염된 부위가 빨갛게 부어오르는지 알겠지?

b) 세균은 뜨거운 온도에는 견디지 못하고 죽는다. 그러므로 피를 뜨겁게 해서 세균을 사우나에 앉은 것보다 더 뜨겁게 만들어야 한다. 백혈구가 화학 신호를 이용해서 세균 침입 사실을 뇌에 알리면, 뇌는 에너지를 더 빨리 만들어 내는 화학 물질을 방출하라는 명령을 내린다. 이런 작용으로 몸에 평소보다 많은 열이 나게 된다. 피부 아래에 있는 피는 공기 중에 열을 뺏기지 않으려고 몸 깊숙한 곳으로 숨는다. 그래서 병이 나면 피부가 창백해지는 것이다. 그러면 사람들은 이마를 만져 보고 입에 온도계를 물고 야단법석이다. 우리 신체 방어 부대가 펼치는 굉장한 전술이란 사실도 모른 채.

뜨끈뜨끈!

모든 부대는 현재 위치에서 무기를 모두 동원해 반격한다, 실시!

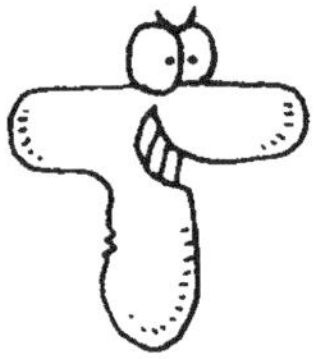

백혈구 부대

T 세포 부대

T 부대는 일급 보안에 부쳐진 곳으로, 흉선(흉골 뒤쪽의 내분비선을 말한다)에 자리 잡고 있다. 신병을 모으고 훈련시키는 역할을 맡고 있는 부대다.

흉골

T 부대는 작전상 세 개의 조직으로 되어 있다.

킬러 T 세포가 그 첫 번째. 킬러 T 세포는 세균을 찾아 내라는 명령을 받고 적군을 하나도 남김없이 찾아 내서 전투를 벌인다. 세균이 숨어 있다고 의심되는 세포는 그 어떤 것이 됐건 킬러 T 세포에게 걸리면 살아남지 못한다.

헬퍼 T 세포는 최고의 훈련을 받은 아주 똑똑한 조직이다. 게다가 정보 교환 전문가이기도 하다. 세균의 종류를 알아낸 다음, B 세포 부대(41쪽을 참고)에 화학 신호를 이용해 위험 경보를 보낸다. 그리고 킬러 T 세포에게 행동개시 명령을 내린다.

억제 T 세포 부대. 이들의 임무는 너무 많은 백혈구가 공격에 가담하는 것을 막는 것. 임무를 수행하다 보면 신체에 해를 끼치는 경우가 생기기도 한다. 전투 중에 일반 시민세포가 어쩔 수 없이 죽기도 하지만, 전쟁이란 다 그런 것! 별 도리 없다.

B 세포 부대

B 세포 부대는 골수 속에 있는 비밀 부대로, 역시 일급 보안에 부쳐져 있다. 골수에서는 군인을 모으로 훈련시키는 일을 한다.

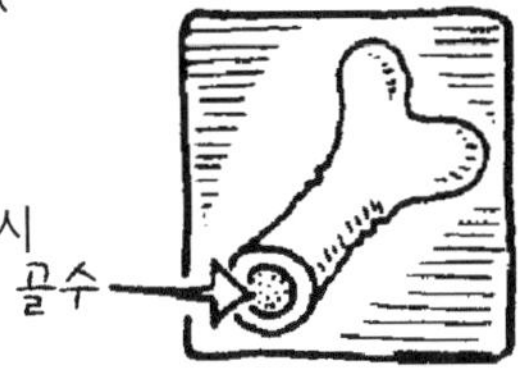

골수

1. 모든 B 세포는 항원이 무엇인지 알아맞히는 훈련을 받는다. 항원이란 몸 속으로 들어오는 모든 적을 부르는 전문 용어이다. ('항원' 이란 말만 들어도 치가 떨리는군! B 세포는 모두 화학 물질로 덮여 있는데 외부에서 들어온 특정 항원 위로 B 세포가 달려들어 꼼짝 못하게 붙잡아 열쇠로 채워 버리는 역할을 한다. 우리 몸에 있는 수백만 개의 B 세포는 하나도 서로 같은 것이 없다. 그래서 어떤 항원이 들어오건 그것에 딱 맞는 B 세포가 나타나 적의 발목을 꽉 잡는다. 그러니 B 세포만 믿으라는 말씀!

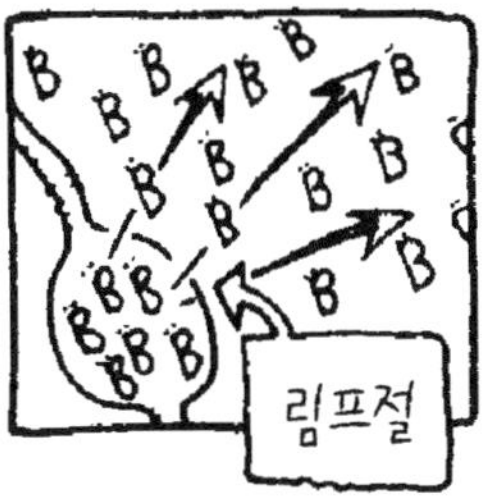

림프절

2. 림프절 기지에는 언제든 항체를 만들 태세를 갖춘 B 세포 특수 부대가 있다. 항원이 들어온 것을 발견한 즉시 골수의 훈련소에서 수백만 B 세포를 내보낸다. B세포들은 항원이 어디에 숨어 있건 샅샅이 찾아 내 딱 맞는 열쇠로 채워 꼼짝 못하게 만든다.

강력한 무기-항체 시스템

항체는 유도 미사일(목표물을 끝까지 따라다니며 맞히는 미사일)과 비슷하다. 항원을 쫓아가 꼼짝 못하게 붙잡은 다음 파괴해 버린다. 하나의 항체가 하나의 항원을 잡아 그 위로 화학 물질을 뒤집어씌우면 탱크 부대(다음 쪽에 나옴)가 출동해서 빨아들인다.

백혈구 탱크 부대

우리의 탱크 부대(전문적인 용어로 대식 세포라고 부른다)는 항체에 붙들린 적군 세균을 기계 팔로 꽉 붙들어서 안으로 빨아들인다.
모든 포로는 산 채로 녹여 버리지. 잔인하다고?
전쟁은 장난이 아니란 사실, 다시 한 번 명심하길 바란다.

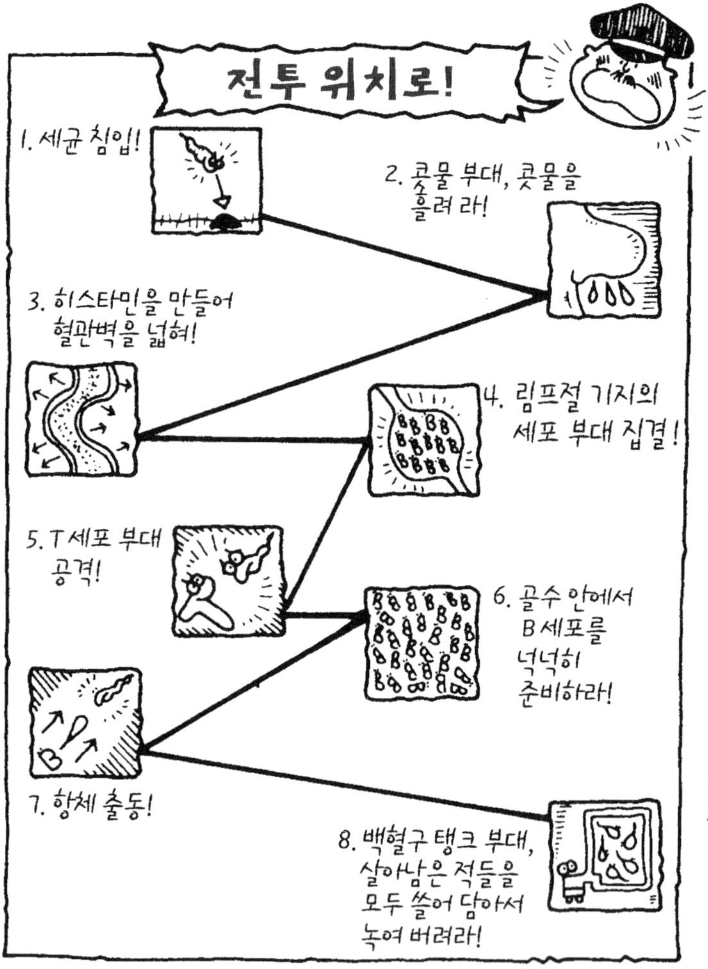

전투 위치로!
1. 세균 침입!
2. 콧물 부대, 콧물을 흘려라!
3. 히스타민을 만들어 혈관벽을 넓혀!
4. 림프절 기지의 세포 부대 집결!
5. T세포 부대 공격!
6. 골수 안에서 B세포를 넉넉히 준비하라!
7. 항체 출동!
8. 백혈구 탱크 부대, 살아남은 적들을 모두 쓸어 담아서 녹여 버려라!

엉뚱한 대화

과학자 왈:

인터페론을
만들었어.

말귀 어두운 학생 왈:

그건
우리 집에도
있는 거라구요,
매부리코
아저씨!

정답 과학자는 '인터페론'이라고 말했는데, 학생은 '인터폰'이라고 잘못 알아들었다. 모든 세포는 바이러스 공격을 받으면 인터페론을 만들어 낸다. 인터페론은 세포를 살릴 수는 없지만 바이러스가 늘어나는 것을 막아 줄 수는 있다. 하지만 인터페론이 어떻게 바이러스 증식을 멈추게 하는지는 알아내지 못하고 있다.

★ 이건 몰랐지롱!

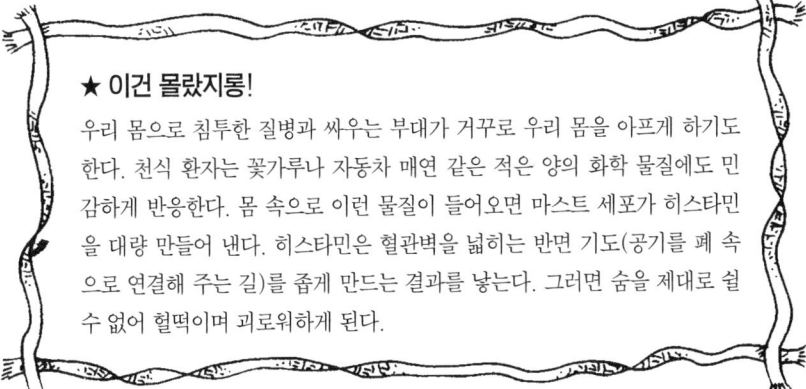

우리 몸으로 침투한 질병과 싸우는 부대가 거꾸로 우리 몸을 아프게 하기도 한다. 천식 환자는 꽃가루나 자동차 매연 같은 적은 양의 화학 물질에도 민감하게 반응한다. 몸 속으로 이런 물질이 들어오면 마스트 세포가 히스타민을 대량 만들어 낸다. 히스타민은 혈관벽을 넓히는 반면 기도(공기를 폐 속으로 연결해 주는 길)를 좁게 만드는 결과를 낳는다. 그러면 숨을 제대로 쉴 수 없어 헐떡이며 괴로워하게 된다.

이 책을 읽는 여러분! 여러분은 바이러스로 인해 생기는 질병 중 한 가지에 대해서만은 분명 전문가의 경지에 올랐을 것이다. 정말! 감기에 걸려본 적 있겠지? 감기가 어떻게 진행되는지, 그 느낌이 어떤지 정확히 알고 있을걸? 그런데 수백 년간 의학 연구를 해 왔는데도 그 어떤 훌륭한 의사 선생님도 감기를 치료하진 못했다. 참으로 안타까운 일이 아닐 수 없다. 우리 몸이 그럭저럭 감기를 이겨내고 있으니 그나마 다행이지. 자, 감기가 어떻게 진행되는지 살펴볼까?

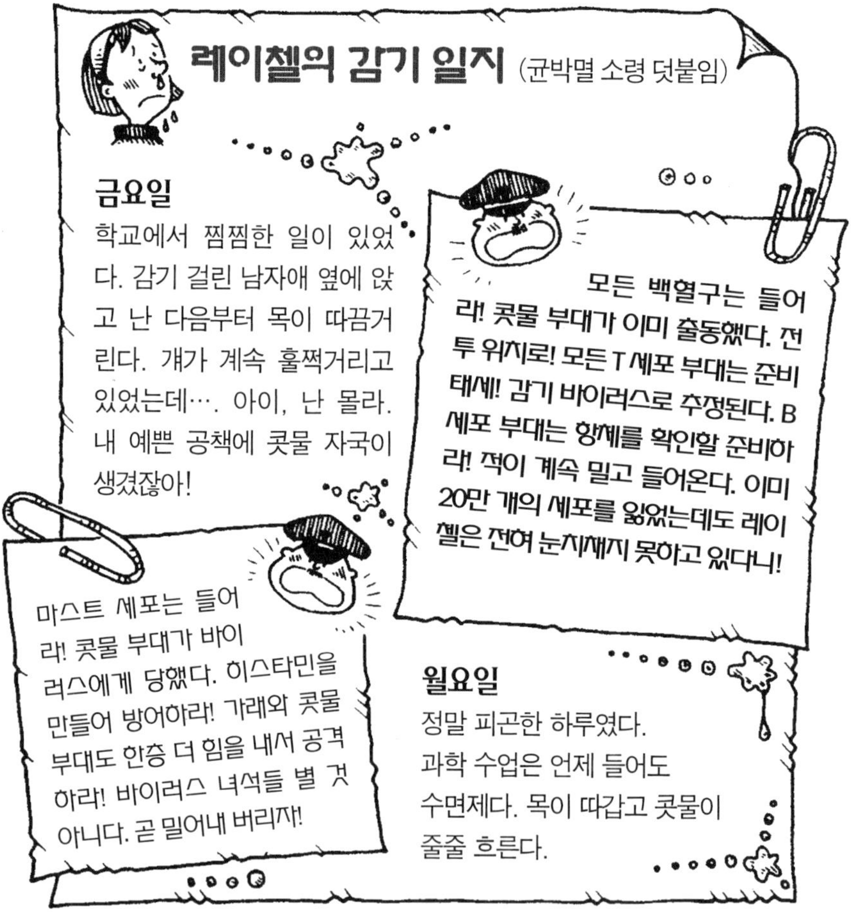

레이첼의 감기 일지 (균박멸 소령 덧붙임)
금요일
학교에서 찜찜한 일이 있었다. 감기 걸린 남자애 옆에 앉고 난 다음부터 목이 따끔거린다. 걔가 계속 훌쩍거리고 있었는데…. 아이, 난 몰라. 내 예쁜 공책에 콧물 자국이 생겼잖아!
모든 백혈구는 들어라! 콧물 부대가 이미 출동했다. 전투 위치로! 모든 T세포 부대는 준비 태세! 감기 바이러스로 추정된다. B세포 부대는 항체를 확인할 준비하라! 적이 계속 밀고 들어온다. 이미 20만 개의 세포를 잃었는데도 레이첼은 전혀 눈치채지 못하고 있다니!
마스트 세포는 들어라! 콧물 부대가 바이러스에게 당했다. 히스타민을 만들어 방어하라! 가래와 콧물 부대도 한층 더 힘을 내서 공격하라! 바이러스 녀석들 별 것 아니다. 곧 밀어내 버리자!
월요일
정말 피곤한 하루였다. 과학 수업은 언제 들어도 수면제다. 목이 따갑고 콧물이 줄줄 흐른다.

화요일

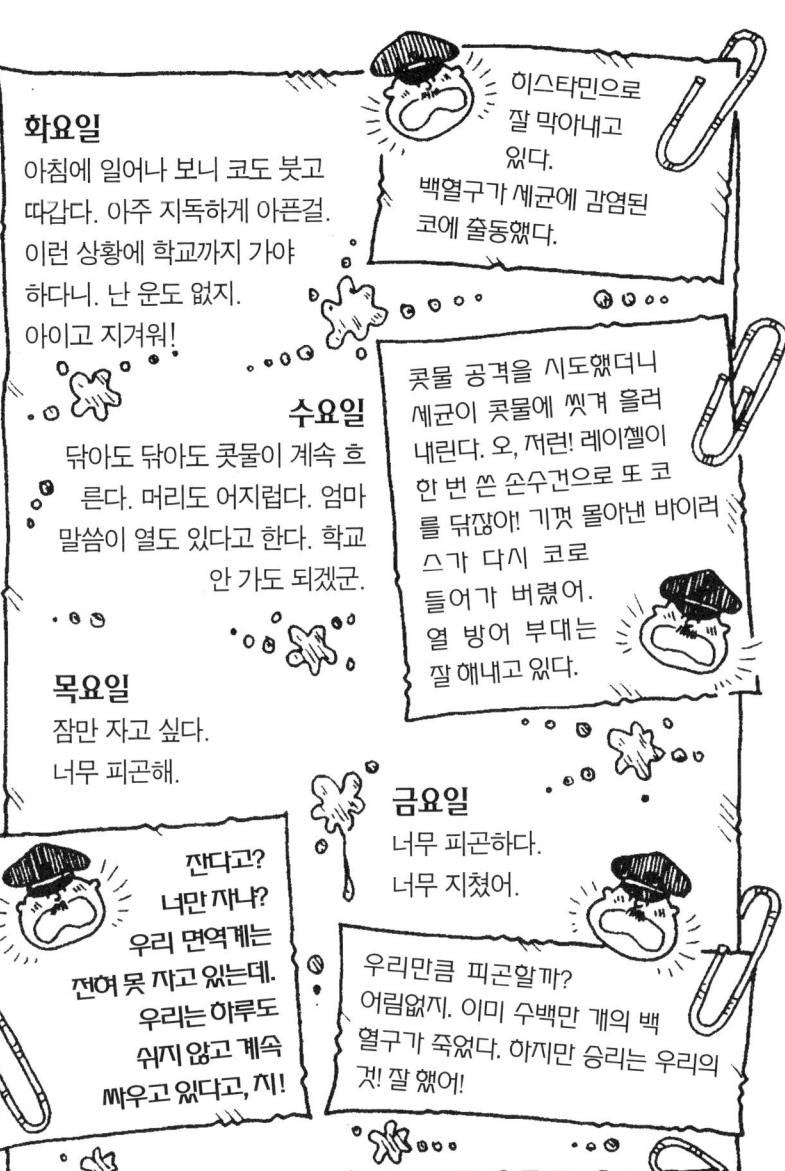

아침에 일어나 보니 코도 붓고 따갑다. 아주 지독하게 아픈걸. 이런 상황에 학교까지 가야 하다니. 난 운도 없지. 아이고 지겨워!

히스타민으로 잘 막아내고 있다.
백혈구가 세균에 감염된 코에 출동했다.

수요일

닦아도 닦아도 콧물이 계속 흐른다. 머리도 어지럽다. 엄마 말씀이 열도 있다고 한다. 학교 안 가도 되겠군.

콧물 공격을 시도했더니 세균이 콧물에 씻겨 흘러내린다. 오, 저런! 레이첼이 한 번 쓴 손수건으로 또 코를 닦잖아! 기껏 몰아낸 바이러스가 다시 코로 들어가 버렸어. 열 방어 부대는 잘 해내고 있다.

목요일

잠만 자고 싶다.
너무 피곤해.

잔다고?
너만 자냐?
우리 면역계는
전혀 못 자고 있는데.
우리는 하루도
쉬지 않고 계속
싸우고 있다고, 치!

금요일

너무 피곤하다.
너무 지쳤어.

우리만큼 피곤할까? 어림없지. 이미 수백만 개의 백혈구가 죽었다. 하지만 승리는 우리의 것! 잘 했어!

토요일

몸이 훨씬 좋아졌다. 학교 안 가는 날에 맞춰 나아서 정말 기쁘다.

다 우리
덕택인 줄 알아!

바이러스와 세균이 원인이 되어 병을 앓고 난 다음엔 다시는 그것과 같은 병에 걸리지 않는 게 일반적이다. 과학자들은 이런 걸 '그 질병에 대해 면역이 생겼다' 라고 말하지. 알아, 알아. 무슨 말 하려는 건지 안다고. 그런데 왜 감기는 계속 걸리냔 말이지? 우리가 걸리는 감기는 다 똑같지 않고 조금씩 다른 바이러스가 병을 일으키거든.

치명적인 질병에 대한 보고서

이름: 면역

준비됐으니까 언제든 덤벼!

면역에 관한 진실:

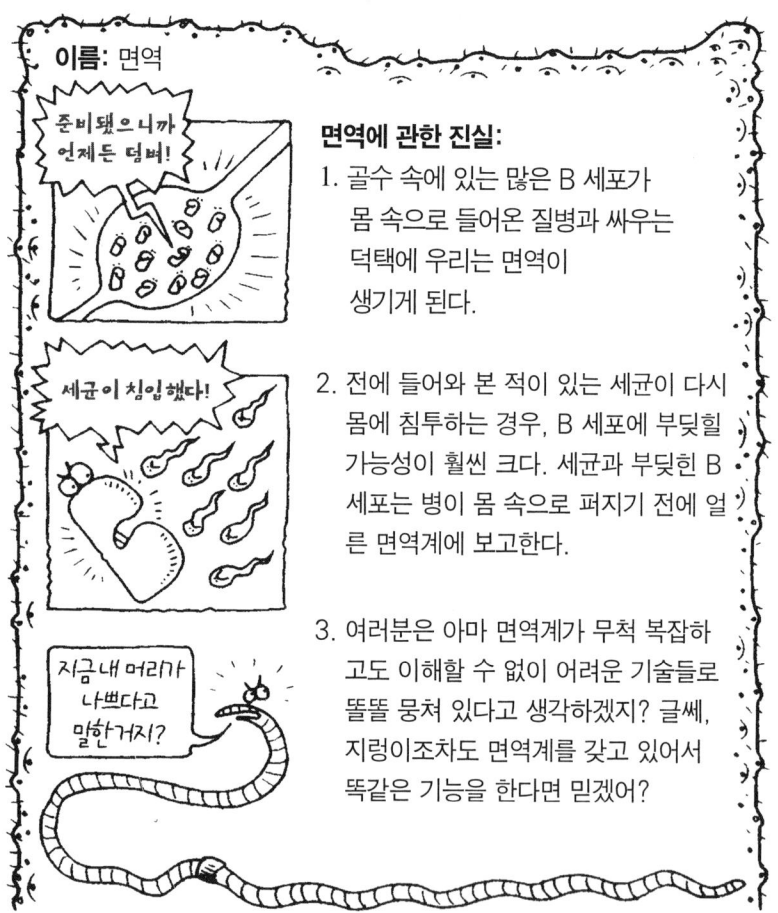

1. 골수 속에 있는 많은 B 세포가 몸 속으로 들어온 질병과 싸우는 덕택에 우리는 면역이 생기게 된다.

세균이 침입했다!

2. 전에 들어와 본 적이 있는 세균이 다시 몸에 침투하는 경우, B 세포에 부딪힐 가능성이 훨씬 크다. 세균과 부딪힌 B 세포는 병이 몸 속으로 퍼지기 전에 얼른 면역계에 보고한다.

지금내 머리가
나쁘다고
말한거지?

3. 여러분은 아마 면역계가 무척 복잡하고도 이해할 수 없이 어려운 기술들로 똘똘 뭉쳐 있다고 생각하겠지? 글쎄, 지렁이조차도 면역계를 갖고 있어서 똑같은 기능을 한다면 믿겠어?

좀 더 자세히: 일정한 지역에서 많은 사람들이 한 가지 질병에 대한 면역을 갖고 있다면 그 병은 널리 퍼져 나갈 수 없다. 하지만 대부분의 사람들이 면역을 갖고 있지 않은 경우엔 병은 엄청난 속도로 퍼져 나간다. 이런 것이 바로 전염병이다.

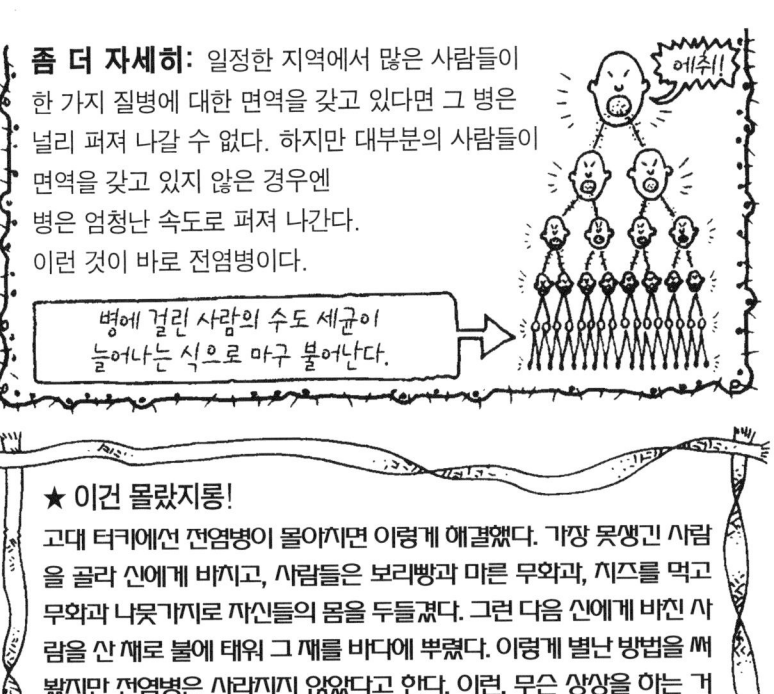

병에 걸린 사람의 수도 세균이 늘어나는 식으로 마구 불어난다.

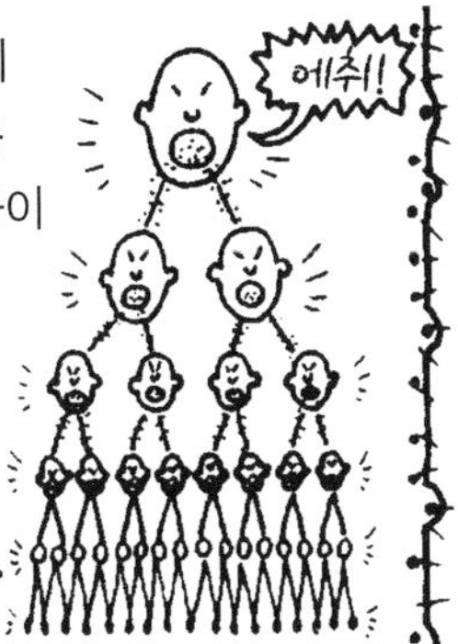
에취!!

★ 이건 몰랐지롱!

고대 터키에선 전염병이 돌아지면 이렇게 해결했다. 가장 못생긴 사람을 골라 신에게 바치고, 사람들은 보리빵과 마른 무화과, 치즈를 먹고 무화과 나뭇가지로 자신들의 몸을 두들겼다. 그런 다음 신에게 바친 사람을 산 채로 불에 태워 그 재를 바다에 뿌렸다. 이렇게 별난 방법을 써 봤지만 전염병은 사라지지 않았다고 한다. 이런, 무슨 상상을 하는 거야? 여러분의 선생님은 산 제물로 바쳐질 만큼 못 생기지 않았으니까 학교 빠질 궁리는 그만하시지. 그리고 이제는 그런 방법 쓰지도 않아.

그런데 왜 전염병이 여기저기에서 발생하지 않는 건지, 우린 왜 모든 전염병에 걸려 죽지 않는 건지 생각해 본 적 있어? 음… 나중에 또 살펴보겠지만 몇백 년 전엔 질병이 엄청나게 자주 발생했다. 하지만 최근엔 인간의 힘으로 질병을 막을 수 있게 됐다. 다음 장에서 살펴볼 그 분들의 노고에 감사해야 할걸? 그 훌륭한 사람들이 누구냐고? 어떤 이들은 그 분들을 '기적을 만든 사람들' 이라고 부르기도 하지. 자, 그 분들을 만나러 가 보자.

불안+궁금한 항원
꿀꺽!

의학의 기적

수많은 질병으로 가득 찬 이 세상에 믿을 수 있는 친구는 딱 둘뿐.

1. 면역계

2. 의사 선생님

만약 여러분의 의사 선생님이 엉뚱괴기 박사라면 오직 면역계만 믿어야겠지. 이제 본론으로 들어가서, 무시무시한 질병과 싸우는 데 자신의 삶을 바친 사람들을 만나 보자.

과학자 따라잡기

이런 상상을 해 볼까? 여러분의 학교에 원인을 알 수 없는 병이 돌기 시작했다. 이 끔찍한 병의 이름은 '초록선생님병'. 선생님들과 학생들이 모두 초록색으로 변하고, 불그죽죽한 색깔의 냄새나는 뾰루지가 돋아났다.

'초록선생님병'
때문에
휴교령을
내립니다.

과학자 여러 명이 한 팀을 만들어 이 병을 치료할 방법을 찾기 시작했다. 그 분들을 소개하겠다.

① 면역학자

면역계가 어떻게 질병과 싸우는지 연구한다. 지금 이 면역학자는 환자의 피를 채취해서 질병의 항원과 싸울 항체가 제대로 만들어지고 있는지 조사한다. 면역학자는 항체와 항원의 차이를 잘 알고 있다. (잘 모르겠으면 41쪽을 다시 확인해 볼 것)

넋을 잃은 듯한 표정
환자의 몸에서 채취한 혈액이 들어 있는 시험관

② 세균 학자/바이러스 학자

세균 학자는 세균을 연구한다.
바이러스 학자는? 그렇지! 바이러스를 연구한다.
이들은 초록선생님병을 일으킨 병균을 찾으려고 애쓰고 있다.
(그 병균은 박테리아일 수도 있고, 바이러스일 수도 있다.
아직은 알 수 없는 상태다).
두 학자 모두 환자의 혈액과 피부, 콧물, 가래, 종기에서 병균을 찾아 연구한다.
세균 학자는 현미경으로 세균을 찾지만, 바이러스 학자는 좀더 성능이 좋은 전자 현미경을 사용한다.
바이러스는 세균보다 훨씬 작기 때문에.

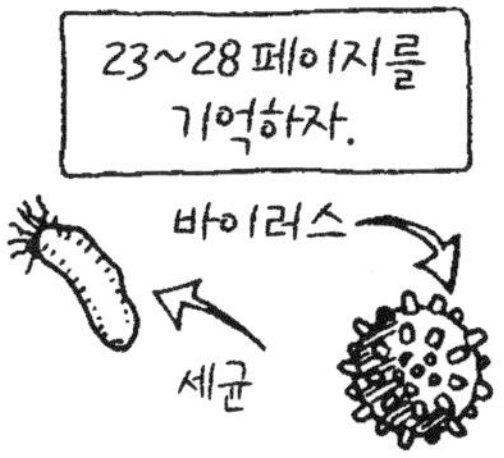
23~28페이지를 기억하자.
바이러스
세균

다음 쪽에 계속

세균을 긁어내는 데 사용하는 약솜 막대와 환자의 목에서 채취한 가래
깨끗하게 손질한 손톱
한천이 들어 있는 시험접시
귀찮은 감기
바이러스 학자
세균 학자
세균을 관찰하기 위한 휴대용 현미경
여러분, 조심! 너무 가까이 가지 말 것. 지저분한 것을 건드리게 될지도 모름

③ 전염병 학자

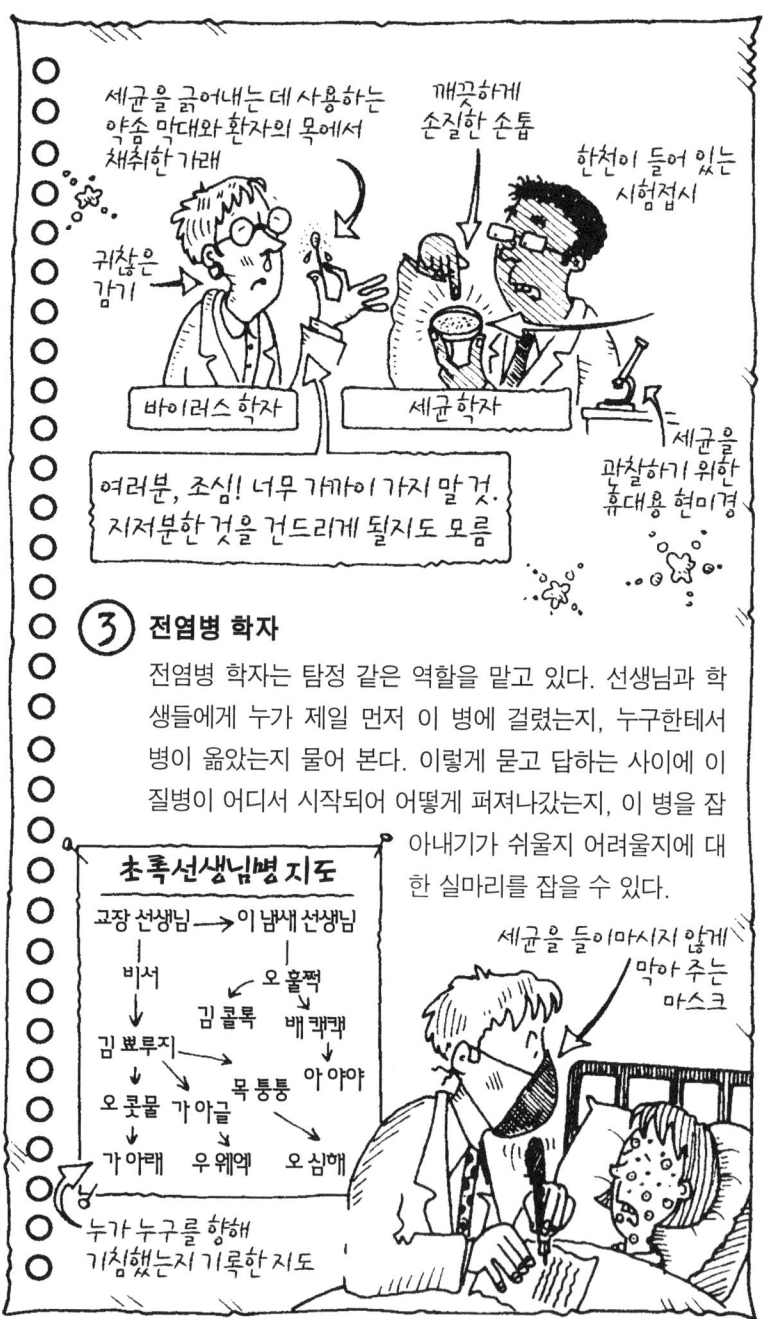

전염병 학자는 탐정 같은 역할을 맡고 있다. 선생님과 학생들에게 누가 제일 먼저 이 병에 걸렸는지, 누구한테서 병이 옮았는지 물어 본다. 이렇게 묻고 답하는 사이에 이 질병이 어디서 시작되어 어떻게 퍼져나갔는지, 이 병을 잡아내기가 쉬울지 어려울지에 대한 실마리를 잡을 수 있다.

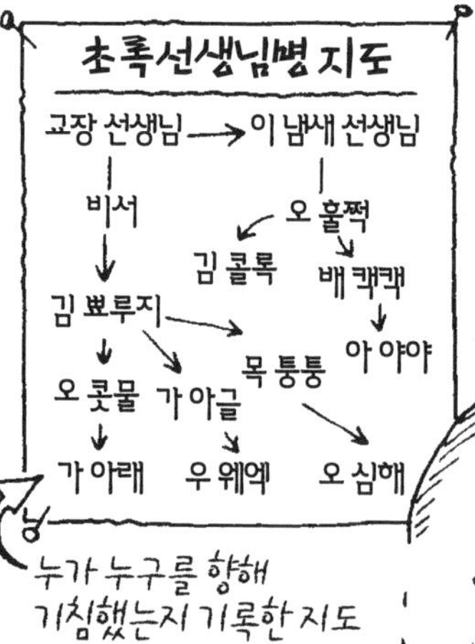
초록선생님병 지도
교장 선생님 → 이 냄새 선생님
비서
오 훌쩍
김 콜록
배 캑캑
김 뾰루지
아 야야
목 퉁퉁
오 콧물
가 아글
가 아래
우 웨엑
오 심해
누가 누구를 향해 기침했는지 기록한 지도

세균을 들이마시지 않게 막아 주는 마스크

과학자들이 연구하는 곳

질병을 연구하는 과학자들은 대부분 대학교의 연구실이나 파리의 파스퇴르 연구소, 미국 애틀랜타의 질병 통제 예방 센터와 같은 전문 연구 기관에서 일한다. 면역학자는 병원 연구소에서 일하며 환자들이 질병을 어떻게 이겨내는지 밝혀서 의사 선생님과 서로 돕는다. 무시무시한 질병을 일으키는 세균을 연구하는 과학자는 늘 위험에 노출되어 있다. 그러니 세균에 감염되는 것을 막아 줄 만한 장소에서 연구할 필요가 있겠지? 바로 이런 장소…

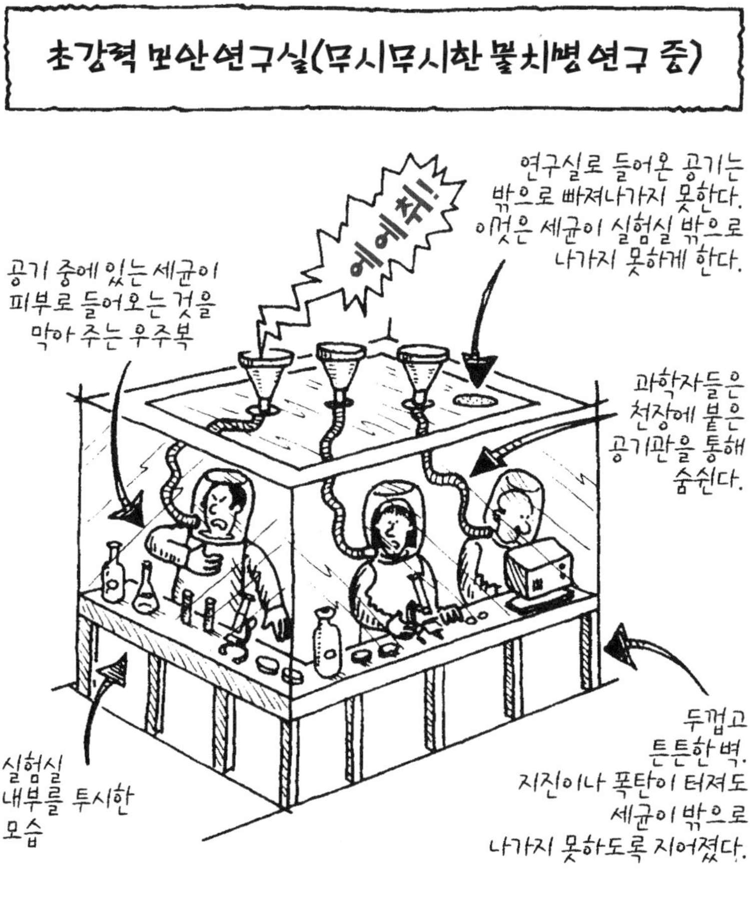

초강력 보안 연구실(무시무시한 몹치병 연구 중)
에에취!
연구실로 들어온 공기는 밖으로 빠져나가지 못한다. 이것은 세균이 실험실 밖으로 나가지 못하게 한다.
공기 중에 있는 세균이 피부로 들어오는 것을 막아 주는 우주복
과학자들은 천장에 붙은 공기관을 통해 숨쉰다.
실험실 내부를 투시한 모습
두껍고 튼튼한 벽. 지진이나 폭탄이 터져도 세균이 밖으로 나가지 못하도록 지어졌다.

나는야 과학자

1. 세균학자로서의 본능을 타고났는지 확인해 보자. 1982년 오스트레일리아의 과학자 배리 마셜은 심각한 위궤양을 일으키는 원인이 세균이라고 확신했다. 이것은 직감이었을 뿐, 세균은 환자의 위 속에서만 볼 수 있는 것이었다. 배리 마셜은 실험을 해 보기로 결심했다. 어떻게 했을까?

a) 마셜은 건강한 사람의 위를 잘라 세균을 집어 넣고 어떻게 되는지 지켜보았다.

자원봉사 좀 해 주실래요?
죄송하지만, 전 위가 없걸랑요.

b) 병원 친구들이 먹을 커스터드 빵 속에 세균을 넣고 키웠다. 끈적끈적한 커스터드 빵이 끈적끈적한 위 내부와 가장 비슷했기 때문이다.

c) 마셜은 직접 그 끔찍한 세균을 삼켰다. 그러고 나서 내시경(뱃속을 들여다볼 수 있는 튜브)을 위에 집어 넣어 어떤 변화가 일어나는지 확인했다.

2. 1948년, 과학자들이 치명적인 장티푸스를 일으키는 세균을 누가 퍼뜨리고 다니는지 찾고 있었다. 그 사람을 어떻게 찾아 냈을까?

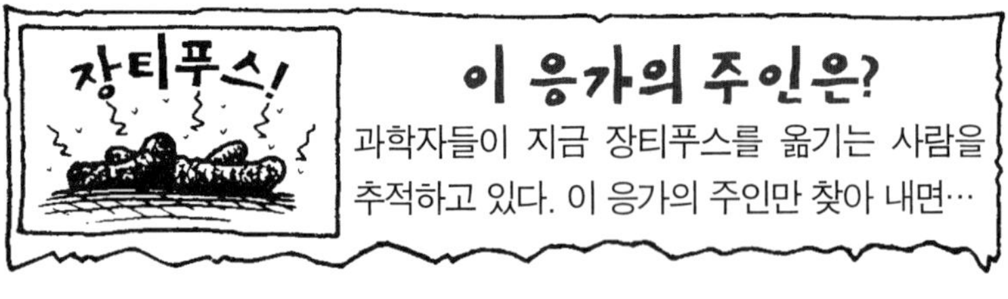
장티푸스!
이 응가의 주인은?
과학자들이 지금 장티푸스를 옮기는 사람을 추적하고 있다. 이 응가의 주인만 찾아 내면…

a) 광고 전단을 붙였다.　　**b)** 마을의 모든 사람을 다 조사했다.

c) 하수구에서 나온 오물을 검사해서 세균이 있는 것을 확인한 다음, 하수구를 기어다니며 모든 하수구 파이프를 다 검사해 본 결과, 문제의 응가를 한 사람의 화장실을 찾아 냈다.

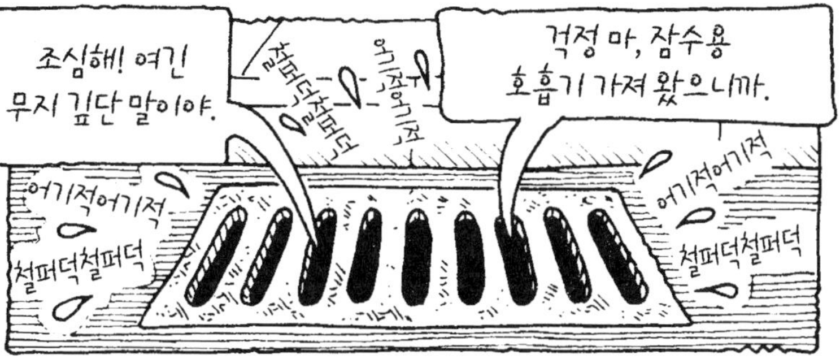
조심해! 여긴
무지 깊단 말이야.
걱정 마, 잠수용
호흡기 가져왔으니까.
어기적어기적
철퍼덕철퍼덕
어기적어기적
철퍼덕철퍼덕

정 답 **1. c)** 배리 마셜은 급성 위궤양의 원인이 세균이란 것을 밝혀냈다.
2. c) 좀 냄새 나는 작업이긴 했지만 결국 찾아내고야 말았다.

과학자들은 질병을 일으키는 세균을 어떻게 찾아 낼까?

좋은 질문이다. 세균은 정말이지 찾아 내기 무척 어렵다. 세균의 숫자와 종류가 너무 많기 때문에 혼돈되기도 하고, 아래와 같은 표시판을 들고 다니는 세균도 없기 때문이다.

이봐! 우리 여기 있어. 우리가
여기에서 병을 만들어 낸다구.

옛날에는…

옛날 의사 선생님들은 보이지 않는 생명체가 병을 만든다고 생각했다. 로마의 의사였던 마르쿠스 테렌티우스 바로(기원전

116~27)는 질병을 일으키는 것이 작은 생물인데 너무 작아서 우리 눈에는 보이지 않는 것이라고 생각했다. 그의 생각이 지금에 와서 보면 옳은 것이었지만, 당시로선 증명할 방법이 없었다.

바보 같아.
말도 안 돼.
누가 빨리 빨리 현미경 좀 만들어 줘요!

하지만 바로와는 달리 대부분의 의사들은 신이 병을 내린다고 믿었다. 여기에 질병에 대해 토론하는 고대 사람 두 명을 데려왔으니 살펴보도록.

아폴론 신이 사람들에게 불화살을 쏘아 아프게 만드는 거야.
말도 안 되는 소리 하고 있어.
왜 안 돼?
불화살을 쏘는 건 루드라 신이야. 세상 사람들이 다 안다구.

또 400년 전의 의사들은 지독한 냄새가 병을 일으킨다고 생각했다. 이게 사실이 아니길 정말 다행이지? 이 말대로라면 형 양말, 언니 체육복에서 나는 냄새 때문에 날마다 질병 경보가 울려대지 않겠어!

집 밖으로
절대 나오지
마십시오.
모든 문은 반드시
닫아야 합니다.
POLICE
전문가들이 지금
양말과 체육복을
특수 연구소로
옮기는 중입니다.

1609년에 현미경이 만들어진 다음에도 과학자들은 사람을 죽이는 것이 작은 세균 때문이란 사실을 믿으려 하지 않았다. 마치 작은 개미가 코끼리를 없애려는 것과 같다고 생각한 것이다.

여기 찌르고,
저기도 찔러!
아니 도대체
왜 이렇게
꿈적도 안
하는 거야?
더 세게!
더 세게 찌르란 말이야!

조그만 세균 녀석들이 겉보기만큼 약하거나 순진하지 않다는 사실은 1860년대에 와서야 프랑스의 과학자 루이 파스퇴르(1822~1895)가 밝혀냈다. 파스퇴르는 누에(명주실을 뽑아내는 애벌레)를 병들게 만드는 원인을 연구하던 중에 질병을 일으키는 것이 원생동물이며, 이 지저분한 기생충이 누에 설사의 주범인 것을 밝혀냈다. 하지만 특정 병균을 꼭 집어내서 “야! 이런 병을 이으킨 죄로 널 체포한다.”라고 하기란 쉽지 않다. 그리고 몇 가지 병균을 용의자로 잡아와서 조사하는 것도 어려운 일이다. 무턱대고 의심해 보기엔 병균의 수가 너무 많기 때문이다.

그런데 이 모든 어려움을 뚫고 놀랄 만한 성과를 이루어 낸 대단한 의사 선생님이 한 분 있었다.

빨리 빨리!
흘리지 마!
이 욕심쟁이!
나 먼저 줘!
너무 많아!
조르지 마!
좋아, 콘플레이크는 담았고, 우유 좀 줄래?

명예의 전당: 로베르트 코흐(1843~1910)

국적: 독일

꼬마 로베르트 코흐에겐 13명이나 되는 형제 자매가 있었다. 얼마나 정신없었을까? 옆에서 칭얼거리며 귀찮게 구는 애가 하나 둘도 아니고 13명이나 되었으니!

이 복잡한 상황 속에서도 코흐는 똑똑한 젊은이로 자랐다.

과학을 좋아하는 할아버지와 삼촌은 코흐가 죽은 벌레를 모아 끔찍한 표본을 만드는 일을 기꺼이 찬성했고, 오히려 더 용기를 불어넣어 주었다. 청년이 된 코흐는 선생님의 권유로 괴팅겐 대학에서 의학을 전공해 의사가 되었다. 처음에는 군대에서, 나중에는 볼슈타인에서 일하게 되었다.

의사가 된 뒤에 점점 더 세균에 관심을 갖게 되어 진찰실을 연구소로 바꿔 버렸다. 그리고 1871년 생일에 부인에게서 현미경을 선물로 받았다.

당신이
큰 발견을
하길 빌어요.
이걸로
보면 뭐든지
다 크지.

코흐는 현미경을 어디에 썼을까? 고양이 털 속의 벼룩을 잡는데 사용했다고? 그렇지 않았다. 코흐는 현미경으로 세균을 좀 더 가깝게 관찰했다.

세균을 연구하면서 특히 탄저병이라는 무서운 병에 관심을 가졌다. 탄저병에 걸린 사람과 동물은 폐에 무시무시한 염증이 생겨 죽는 경우가 많았다.

코흐는 현미경으로 보다 더 잘 관찰하기 위해 자신이 발견한 세균을 물감으로 염색했다. 이 세균이 탄저병을 일으킨다는 것을 증명하기 위해 작고 귀여운 생쥐 몇 마리의 몸에 세균을 주사로 집어넣어 병이 나게 만들었다.

병 주고 약 주냐?
치즈가 반갑지 않은
화난 생쥐

나는야 과학자

로베르트 코흐는 탄저병 세균에게 무엇을 먹여 키웠을까?

a) 초콜릿

b) 나무 껍질

c) 눈(하늘에서 내리는 눈 말고) 속에 있는 젤리처럼 촉촉하고

말랑말랑한 물질과 피를 섞은 것

힌트: 탄저병 세균이 어떤 곳에서 먹는 걸 좋아할지 생각해 보길.

> **정 답** c) 이 당시엔 아직 한천이 만들어지지 않았다. 탄저병 세균은 우리 눈엔 거북하기 짝이 없는 음식을 맛있게 먹으며 번식했다. 탄저병은 동물에게 발생하는 병이니만큼 탄저병 세균은 동물에 붙어서 먹고살겠지? 아참! 로베르트 코흐는 이로부터 몇 년 후에 한천을 만들어 냈다.

코흐는 세균이 인간의 병을 일으킨다는 사실을 최초로 증명했다. 그리고 이 연구 성과를 발판으로 삼아 네 단계 가설을 발표했다.

엉뚱한 대화

코흐 왈:

내가 그 유명한
코흐란다.

말귀 어두운 학생 왈:

아저씨 그림
잘알아요.

> **정 답** 학생은 코흐를 화가 고흐로 잘못 알아들었다. 고흐의 해바라기 그림만큼 코흐의 네 단계 가설도 아주 유명하다. 그것이 어떤 것인지는 다음 쪽에서 살펴보기로 하고. 여러분, 제발 말 좀 잘 알아듣고 엉뚱한 질문 좀 하지 마세요.

코흐의 네 단계 가설은 중요한 의미를 갖고 있다. 이 가설이 질병 연구의 새로운 방향을 제시했기 때문이다. 돌아가신 로베르트 코흐 선생님을 이 자리에 모셔서 자세한 설명을 들어 보기로 하자.

한 번 모시기 정말 힘들군. 워낙 위대한 업적을 남기신 분이라 여러 번 부탁드려야 겨우 나타나신다니까.

로베르트 코흐
여기 잠들다.
1843~1910
좀 나오세요.
5분밖에
안 걸린다구요.

앗! 이렇게 위대한 분이!-위대한 로베르트 코흐

나, 위대한 과학자 로베르트 코흐가 나의 네 단계 가설을 설명하겠다. 나의 가설이 세계 역사를 바꿔 놓았다는 사실, 모두들 알고 있겠지? 퉁퉁 부은 내 목을 예로 들어서 설명해 보겠다. 차가운 관 속에 있으면서 목이 붓고 따가워지기 시작했거든. 기침 때문에 죽어서도 죽겠다니까.

세균이 병을 일으킨다는 것을 증명하기 위한…

가설 1단계: 병이 난 신체 부위와 세균이 살고 있는 곳이 같다는 것을 밝혀야 한다. 난 내 목에 약솜 막대를 집어 넣어서 요렇게 생긴 세균을 긁어 냈다.

가설 2단계: 세균을 찾아 냈으면 키워서 여러 번 증식을 시켜야 한다. 내가 세균을 배양한 방법을 가르쳐 줄까? 쇠고기 수프를 젤

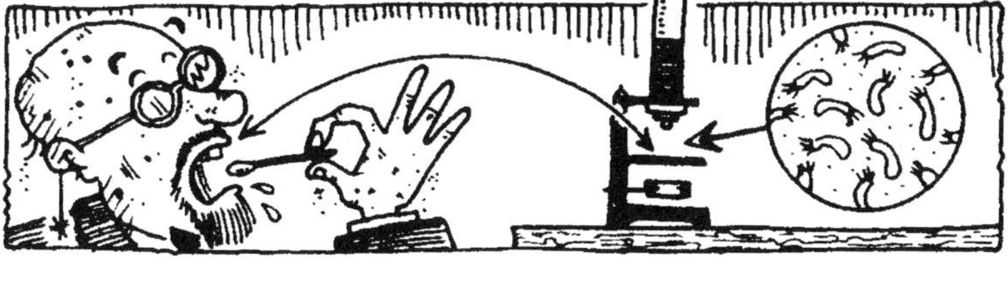

리처럼 말랑말랑하게 만들어 시험 접시에 놓고 그 위에서 세균을 키웠지.

봐!
자라자!
증식하자!
증식하자!
자라자!

가설 3단계: 키운 세균을 건강한 동물 몸 안에 집어 넣어 병에 걸리도록 만든다. 나는 이 실험을 토끼에게 해 봤지.

이것 봐요,
난 건강한
토끼라구요.
주사!

가설 4단계: 주사한 세균이 동물 몸 속에서 살고 있다는 것을 확인해야 한다. 난 토끼 몸에서 샘플을 채취해 조사해 봤어. 세균이 토끼 목에서 번식했더군.

무슨 실험이 이래?
연약한 토끼만 괴롭히고.
아이고 목 아파!

비록 죽은 몸이긴 하지만 이 대단한 연구 덕택에 난 아직도 세계 최고의 과학자로 남아 있어.

코흐 말이 맞다. 독일 정부는 코흐의 공적을 기려 코흐 연구소를 건립했다. 코흐는 전세계를 돌아다니며 무시무시한 병에 걸린 환자의 몸을 해부하고 연구했다. 병은 무서웠지만 코흐에게 이 일은 매력적인 것이었다. 평생 꿈꿔왔던 일이었기 때문에. 그리고 세균이 원인이 되어 사람의 목숨을 앗아가는 병 중 두 가지를 1882년과 1884년에 각각 알아냈다. 그 대단한 병은 바로 결핵과 콜레라였다(25쪽과 102쪽을 찾아보면 더 자세하게 알 수 있다). 1905년 코흐는 이러한 위대한 업적을 인정받아 노벨상을 받았다.

난 이상을
받을 만한 자격이
있다!
우쭐우쭐

코흐와 그의 라이벌 루이 파스퇴르의 영향을 받아 많은 과학자들이 치명적인 질병의 세계로 뛰어들어 세균 연구를 시작했다. 그 결과 세균과 맞서 싸울 강력한 신무기를 개발했는데…. 바로 백신이었다. 백신과 세균의 결투! 그 중요한 장면 장면을 소개하겠다.

'앗! 이렇게 재미있는 과학이!' 와 함께 과학 시험 준비를 끝내자

1. 백신이란?

힘 빠진 세균들을 채취해 놓은 것이다. 세균의 힘을 빼놓는 방법은? 먹을 것이 별로 없는 곳에 두거나 견디기 힘들 정도의 온도로 뜨겁게 만들면 된다. 이런 환경 속에선 세균이 제대로 증식할 수 없겠지? 마치 수학 시험 보는 풀 죽은 개구쟁이들의 모습과 비슷하지 않을까? 하! 하! 하!

2. 백신은 어떻게 작용하는가?

세균을 몸 속에 넣으면 면역계(B 세포, T 세포 알지?)가 작동하면서 세균이 침입한 사실을 알게 되고 전투가 시작된다. 힘 빠진 세균과 싸우는 것은 그다지 힘든 일이 아니다. 하지만 힘 센 것과 싸우건 힘 없는 것과 싸우건 면역은 생겨나게 되고, 다음 번에 똑같은 종류의 힘이 팔팔한 세균이 침입하면 백혈구는 기다렸다는 듯 출동해서 단번에 세균을 해치울 수 있다.

어라! 기다렸다는 표정이잖아!

3. 백신을 어떻게 개발했을까?

1796년 에드워드 제너(1749~1823)는 별로 치명적이지 않은 우두에 걸려 생긴 염증에서 고름을 뽑아 내 천연두를 예방하는 데 사용했다. 하지만 제너는 우두를 일으키는 바이러스가 천연두를 일으키는 바이러스와 비슷하기 때문에 우두로 인해 생긴 면역으로 천연두를 막게 된다는 사실은 알지 못했다. 제너가 비록 면역에 대해선 몰랐고 천연두 바이러스를 이용한 진정한 의미의 백신을 사용한 것은 아니지만, 어쨌든 좋은 업적을 이룬 것만은 사실이다. 그 뒤, 루이 파스퇴르가 1879년에 닭콜레라를 연구했다(어떤 동물이 이 병에 걸리는지 아는 사람?).

파스퇴르는 맛있는 수프가 담긴 세균 배양 접시를 실험실에 그냥 놔 두고 휴가를 떠났다고 한다. 파스퇴르가 없는 동안 다행히 그 수프를 먹은 사람은 없었다. 휴가를 보내고 돌아온 파스퇴르는 누구에겐가 그 세균을 주사했는데… 누굴까? 그렇지! 주사를 맞은 건 닭이었다. 그런데 주사를 맞은 닭들이 병에 걸리질 않는 것이었다. 이것을 보고 파스퇴르는 힘이 약해진 세균이 닭 몸으로 들어갔고 닭은 이미 그 세균에 대해 면역을 갖게 되었다는 사실을 알게 되었다. 파스퇴르가 이 놀라운 사실을 발견하고 너무나 기뻐 닭 울음 같은 소리를 내며 즐거워하지 않았을까?

어휴! 꼬끼오-꼴까닥 하는 줄 알았네.

새로운 약의 출현

의사 선생님들은 백신 이외의 또 다른 신무기를 갖게 되었다. 과학자들이 우리 몸의 세포는 죽이지 않고 세균만 없앨 수 있는 특별한 물질을 찾아낸 것이다.

1. 최초로 개발된 살균 물질은 살바르산이었는데 독일의 과학자 파울 에를리히가 1909년에 찾아 냈다. 에를리히는 새로운 살균 물질을 찾기 위해 끊임없이 실험을 하던 중 606번째 만에 살바르산을 찾아냈다. 한 세 번째 만에 찾아냈으면 얼마나 편하고 좋았을까?

아이고! 이번엔 끝내고 집에 가야 하는데 …

2. 초기의 살균 물질은 대개 염료였다. 독일의 과학자들은 염료가 사람의 인체 세포는 전혀 물들이지 않고 세균에만 스며들어 제거한다는 사실을 알아냈다. 1932년 게르하르트 도마크가 발견한 프론토실이 그런 물질 중 하나였는데, 불행히도 이 빨간색 염료는 환자의 몸을 밝고 환한 붉은색으로 만들어 놓고 말았다.

다 나은 것 같아요.
그렇게 부끄러워하지 않아도 되는데.

3. 프론토실이 발견되고 4년 후. 프랑스의 과학자들은 도마크가 개발해 낸 약 속에서 실제로 병균을 죽이는 성분은 술폰아미드이며 1908년에 이미 발견된 것이란 사실을 찾아내 발표했다. 불쌍한 도마크! 얼굴을 붉히며 부끄러워했겠지?

4. 이 후로 과학자들은 술폰아미드 성분을 바탕으로 한 새로운 약을 열심히 개발해 냈다. 1947년에 이르러서는 술폰아미드 계열의 약이 5000여 종이나 되었다고 한다. 우와!

정말 신기하게도 병균을 죽이는 약 중에서 가장 강력한 힘을 갖고 있는 것은 시험관에서 만들어진 것이 아니라 살아 있는 세포에서 만들어졌다. 이 놀라운 화학 물질은 많은 사람들을 죽음의 문턱에서 구해 냈다. 여러분도 다음 장으로 넘어가기 전에 이 대단한 주사약을 한 번 맞아 볼 생각 없는지?

생명을 구해 줄지도 모르는데…

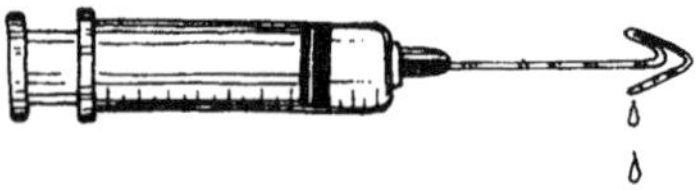

생명을 구하는 약

앞에서 본 술폰아미드 말고도 의사 선생님들이 지독한 병균들과 전투를 벌일 때 사용하는 무기가 두 가지 더 있다. 하나는 항독소이고 나머지 하나는 항생제이다. 뭐가 뭔지 모르겠다고? 계속 읽어 보면 알게 될거야.

신기하고 놀라운 항독소

항독소는 특정한 병에 걸렸던 사람이나 동물의 몸에서 뽑아 낸 항체이다. 이 항독소를 그 특정한 병에 걸린 다른 사람의 몸에 넣으면 그 질병과 맞서 싸우는 데 큰 도움이 된다. 이런 과정을 '혈청요법'이라 부른다. 이 대단한 방법을 알아 낸 사람은 로베르트 코흐의 두 제자였다. 한 사람은 독일인 에밀 폰 베링(1854~1917)이고, 다른 한 사람은 일본인 기타사토 시바사부로(1852~1931)였다.

혈청 요법요?
뭔지 잘 모르겠는데요.
곧 알게 될 거다.

나는야 과학자

치명적인 파상풍을 일으키는 세균이 있다. 과학자들이 이 세균의 독소를 토끼 몸에 주입하는 실험을 했다. 토끼가 죽지 않을 만큼만 독소를 집어 넣었기 때문에 토끼는 무사히 독소에 대항하는 항체를 만들어 냈다. 과학자들은 이 항체를 생쥐에게 주사했다. 그 다음에는 독소를 역시 생쥐에게 주사했다.

어떤 일이 일어났을까?

a) 귀가 길어진 생쥐가 배추를 먹기 시작했다.

b) 생쥐는 별 탈 없이 건강하게 지냈다.

c) 생쥐는 죽었다.

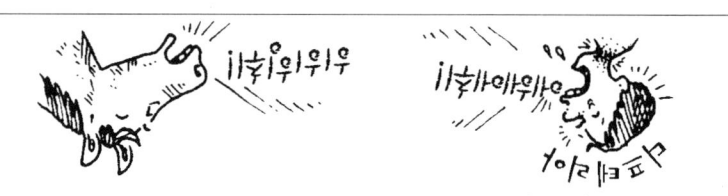

정답 b) 토끼 몸에서 생긴 항독소가 생쥐를 보호해 주었다. 1890년, 에밀 폰 베링은 이 방법을 이용해서 말의 항독소를 어린이에게 주사했다. 이 항독소를 맞은 어린이들은 한 번 걸리면 죽을지도 모르는 디프테리아를 무사히 넘길 수 있게 되었다.

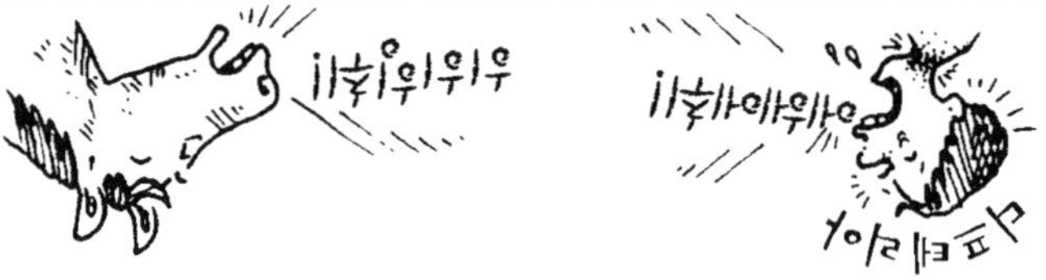
디프테리아
에헤에취!
히히힝취!

꼭 읽어 보세요

숙제는 늘 골칫거리다. 특히 숙제를 안 하고 학교에 간 날은 더 골치가 아프다. 요즘 선생님들은 너무나 똑똑하셔서 이런 완벽한 변명도 통하지 않는다.

선생님, 외계인이 와서 제 숙제를 먹어 버렸어요.
그래? 또 그랬어?

자, 그래서 새로운 변명거리를 개발해야 한다. 심각한 병에 걸렸다고 하는 건 어떨까? 운이 좋으면 6주 정도는 거뜬히 학교를 빼먹을 수도 있는데. 이 책에는 심각한 질병에 관한 정보가 가득 들어 있으니 맘껏 이용해라. 결석계가 필요하다면 한 장 골라서 이름만 써 넣으면 된다. 그리고 선생님께 가져가 보길!

경고!

선생님께서 믿으신다는 보장 절대 없음!

결석계 1. 디프테리아

선생님께

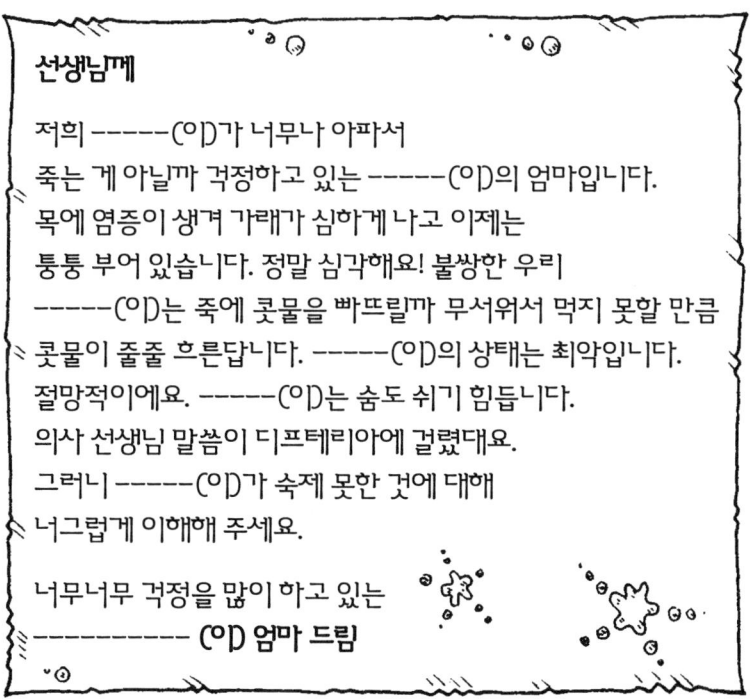

저희 ------(이)가 너무나 아파서
죽는 게 아닐까 걱정하고 있는 ------(이)의 엄마입니다.
목에 염증이 생겨 가래가 심하게 나고 이제는
퉁퉁 부어 있습니다. 정말 심각해요! 불쌍한 우리
------(이)는 죽에 콧물을 빠뜨릴까 무서워서 먹지 못할 만큼
콧물이 줄줄 흐른답니다. ------(이)의 상태는 최악입니다.
절망적이에요. ------(이)는 숨도 쉬기 힘듭니다.
의사 선생님 말씀이 디프테리아에 걸렸대요.
그러니 ------(이)가 숙제 못한 것에 대해
너그럽게 이해해 주세요.

너무너무 걱정을 많이 하고 있는
----------- (이) 엄마 드림

결석계 보충 설명

1. 디프테리아에 걸리면 세균이 독소를 만들고, 독소는 신경을 마비시킨다. 그 결과 심장마비가 일어나 죽을 수도 있다.

2. 1번과 같이 심장마비가 일어나지 않는 경우, 끈적거리는 세균이

천천히 환자의 기도를 가로막아 숨쉬지 못하게 막는다. 교수대에 매달린 사람이 점점 목이 막혀 죽는 것처럼…. 무섭지?

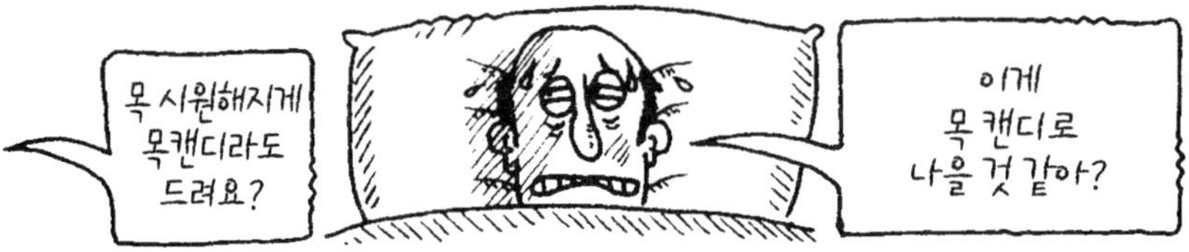
목 시원해지게
목캔디라도
드려요?
이게
목캔디로
나을것같아?

3. 뭐, 좋은 쪽으로 생각하자면 학교에 며칠 안 가고 쉴 수 있겠지. 어쩌면… 무지무지 오래 쉴 수도 있고.

이건 몰랐지롱!

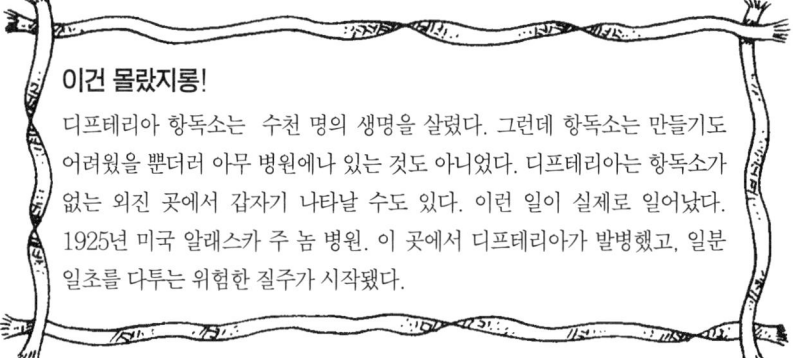

디프테리아 항독소는 수천 명의 생명을 살렸다. 그런데 항독소는 만들기도 어려웠을 뿐더러 아무 병원에나 있는 것도 아니었다. 디프테리아는 항독소가 없는 외진 곳에서 갑자기 나타날 수도 있다. 이런 일이 실제로 일어났다. 1925년 미국 알래스카 주 놈 병원. 이 곳에서 디프테리아가 발병했고, 일분일초를 다투는 위험한 질주가 시작됐다.

세상에서 가장 용감한 개

1925년 1월, 미국 알래스카 주 놈 병원.

애나는 죽어가고 있었다. 겨우 아홉 살밖에 안 된 이 어린 소녀를 하늘이 데려갈 시간이 얼마 남지 않았다. 다행인지 불행인지 애나는 그 사실을 모르고 있었다. 디프테리아가 애나의 숨통을 점점 죄어들며 괴롭혔다. 밖에는 세찬 바람이 으르렁대고, 눈은 창문 높이까지 쌓였는데도 그칠 줄 몰랐다. 놈 병원은 마치 광활한 얼음 벌판에 혼자 내버려진 것처럼 보였다.

퍼거슨 박사는 병원 복도를 왔다갔다하고 있었다. 몸은 깡마르고 얼굴엔 피로가 가득했다. 꼬박 이틀 밤을 눈 한 번 붙이지 못한

상태였다. 어린아이들이 아프다며 퍼거슨을 다급히 찾는 전화가 다섯 번이나 걸려왔다. 아이들은 모두 디프테리아에 걸렸기 때문에 항독소를 빨리 주사해야만 했다.

도대체 항독소는 언제쯤이나 도착할까?

이미 다섯 명의 어린이가 죽었다. 디프테리아균이 어린이들의 목에서 자라며 서서히 질식시켰다. 아직 25명의 어린이가 고통에 떨고 있었다. 그 중 애나의 상태가 가장 나빴다. 항독소를 주사하지 않으면 아이들이 차례대로 죽을 것이란 걸 퍼거슨은 알고 있었다.

온 세상을 집어삼킬 듯 내리는 눈을 화난 눈으로 노려보았다. 날씨만 좋았다면 벌써 의약품이 지급되었을 텐데…. 하지만 눈은 몇 시간 동안이고 쉴새없이 내려 집 지붕보다 높이 쌓였다.

다음 날 아침, 미국 전역의 신문에 곤경에 빠진 알래스카의 어린 환자들 이야기가 실렸다. 전국의 교회에서 어린이들을 위한 기도가 울려 퍼졌다. 하지만 기도만으로는 이 문제가 해결되지 않는다는 것을 모두들 알고 있었다. 어린 환자들을 살릴 수 있는 것은 항독소뿐이었다. 항독소를 기차 종점인 네나나로 보냈다. 하지만 놈은 네나나에서 800 킬로미터나 떨어진 곳이었다. 이렇게 고약한 날씨엔 비행기도 운행할 수 없다. 이런 난감한 상황에서 개썰매를 이용해서 항독소를 운반하겠다는 사람이 나타났다.

"아이들 얘기를 들었습니다."

조지 카슨이 큰 소리로 말했다.

"돕고 싶어서 왔어요."

"고맙습니다. 언제 출발할 수 있나요?"

잔뜩 긴장해 있던 네나나 병원의 원장이 물었다. 조지 카슨은 험한 일로 거칠어진 큰 손을 움켜쥐며 말했다.

"가긴 하겠지만 놈까지는 9일이 걸릴 겁니다."

"9일이라구요?"

원장은 깜짝 놀랐다.

"아이들이 그렇게 오래 버티지 못합니다. 제발, 카슨 씨! 당신은 최고잖아요? 그것보다 더 빨리 도착해야만 합니다."

조지 카슨은 머리를 내저었다.

"지옥같은 눈보라를 뚫고 800 킬로미터나 달려가야 해요. 9일이란 건 최고로 빨리 갔을 경우를 말한 거예요. 이런 날씨라면 20일 이상이 걸릴 수도 있어요."

병원장은 너무나 낙담한 나머지 책상을 내리쳤다.

* * *

퍼거슨 박사는 약이 더 늦게 도착하게 되었다는 소식을 들었지만 차마 간호사들에게 말하지 못했다. 간호사 중에는 애나의 엄마가 있었다. 딸이 너무 아파하는 모습을 보다가 딸의 눈이 미치지 않는 곳으로 무너질 듯 걸어가 눈물을 흘린 적이 한 두 번이 아니었다. '그래도 애나는 살아 있기라도 하잖아. 지금까지 잘 싸워 왔어.' 엄마의 마음과는 달리 애나의 몸은 점점 지쳐만 가서 약해질 대로 약해져 있었다. 목의 한 쪽은 이미 병균들이 막아 버려 아무것도 삼킬 수 없었다. 애나가 얼마나 더 버틸지…. 퍼거슨은 시간이 얼마 남지 않았다는 걸 알고 있었다.

창밖엔 매정한 눈이 아직도 내리고 있었다.

3일동안 300킬로미터를 달려온 조지 카슨. 오직 육중한 썰매를 조종하는 것에만 정신을 집중하고 달려왔다. 살을 에는 바람을 가르며 끝없는 눈밭을 가로질렀다. 수염에 매달린 눈은 고드름이 되었고, 안경에도 계속 눈이 들러붙어 닦아내야만 했다. 흰 눈에 반사된 빛 때문에 두 눈이 어른거렸다. 카슨과 열세 마리의 개는 최고다운 실력을 보여 주고 있었다. 열세 마리 모두 챔피언이었는데 그 중에서도 리더 역할을 하는 발토가 가장 크고 강했다. 기온은 점점 떨어져만 가고 있었다.

카슨은 몸을 떨었다. 몇 겹의 털옷 위에 오리털 코트까지 입었지만 추위를 막기엔 역부족이었다. 기온이 얼마나 될까? 영하 40도? 영하 50도? 영하 60도? 여태껏 이토록 추운 날씨를 겪어 본 적이 없었는데. 하염없이 내리던 눈이 눈보라로 바뀌었다.

한편 놈 병원에선 애나의 엄마가 등불에 비친 딸의 얼굴을 지켜보고 있었다. 애나의 얼굴은 너무나 창백해 식은 땀만 없다면 밀랍인형처럼 보일 정도였다. 애나는 1~2초 간격으로 거친 숨을 몰아 쉬며 괴로워했다. 어느 순간 애나가 눈을 떴다. 엄마를 조용히 바라보며 힘겹게 말문을 열었다.

"너무 … 아파요. 저 죽는 거죠, 그렇죠?"

애나의 엄마는 딸을 꼭 껴안고 입맞춰 주었다.

"쉿, 아가. 말하면 안 돼. 엄마가 여기 있잖니?"

퍼거슨 박사가 애나 엄마의 어깨를 토닥였다. 애나 엄마는 돌아서서 말했다.

"전 그저 목이 좀 부은 거겠거니 했어요. 금방 나을 거라고 생각했구요. 다 제 잘못이에요. 제가 잘 돌보지 못한 탓이에요."

"눈 좀 붙이고 와요."

의사가 힘없이 말했다.

"오늘 밤에 우리가 애나에게 해 줄 수 있는 일은 없으니까."

카슨은 이제 어스름한 흰 빛밖에 보이지 않았다. 눈에 반사된 빛에 눈을 다쳐 아무것도 볼 수 없었다. 눈을 다쳐 앞을 볼 수도 없고, 이정표를 삼을 만한 빛도, 나무 한 그루, 집 한 채도 보이지 않는 상태에서 개를 끌고 가긴 어려웠다. 개들도 지쳐 있었다. 발토가 열 마리 몫을 하고 있긴 했지만 무리였다. 발토는 얼마나 긴급한 임무를 맡았는지 아는 것처럼 움직였다.

도대체 여기가 어딜까? 어디로 가고 있는 거지?

카슨의 귀에는 털모자에 부딪히는 바람 소리와 썰매가 움직이면서 나는 슈웅 하는 소리, 지친 개들이 이따금씩 짖는 소리만이 들려왔다.

카슨은 점점 정신이 몽롱해져 가고 있었다.

희뿌연 빛만 어스름하게 보이던 카슨의 다친 눈에 새벽빛이 느껴졌다. 안경을 벗고 애써 주위를 둘러보았다. 좀 떨어진 곳에 눈에 반쯤 묻힌 건물이 보였다.

여기가 어디지? 놈? 그럴 리가! 아냐, 맞아! 놈에 도착했어! 카슨이 소리치자 언덕 너머로 메아리가 쳤다.

"왔어요! 도착했다구요!"

길거리엔 많은 사람들이 몰려 나와 소리치며 즐거워했다. 차가

운 아침 바람에도 아랑곳하지 않고 기쁨에 겨워 춤을 췄다. 사람들은 카슨을 껴안고 개들을 토닥여 줬다. 발토는 너무나 지쳐 짖을 힘도 꼬리를 저을 힘도 남아 있지 않았다.

사람들이 기뻐하는 소리가 병원까지 들렸다. 곧 간호사들도 소식을 듣고 환호하며 서로를 부둥켜안았다. 너무 반가운 마음에 정신이 없었던 퍼거슨 박사는 귀중한 항독소를 조심스럽게 내려놓았다. 애나의 엄마는 딸의 침대 곁에 서서 하염없이 눈물을 흘리고 있었다.

"이제 괜찮아질 거야."

혼수상태에 빠진 딸에게 속삭였다.

"이제 살았어, 애야."

이건 몰랐지롱!

이 사건은 기적이었다. 조지 카슨은 일시적으로 시력을 잃었는데도 불구하고 놈까지 5일 만에 도착했다. 믿을 수 없는 일이었다. 카슨의 용감한 행동 덕분에 모든 어린이 환자의 생명을 구했다. 미국의 뉴욕 센트럴 파크에 가면 발토의 동상 아래에서 뛰어 놀고 있는 어린이들을 볼 수 있다. 발토의 동상 제막식엔 조지 카슨과 발토가 특별 손님으로 초대되었다. 발토는 많은 사람들 사이에서 예쁜 강아지를 발견하고는 너무 좋아 어쩔 줄 몰라 했다. 그래도 아무도 발토를 말리는 사람이 없었다. 왜냐하면 발토는 이 세상에서 가장 용감한 개니까!

신비하고 놀라운 항생제 등장

이로부터 3년 뒤, 한 과학자가 세균(바이러스가 아님)을 죽이는 항생제라는 굉장한 물질을 발견했다. 이 물질을 이용해 페니실린이라는 새로운 약을 만들어 냈다. 페니실린은 죽음의 문턱에서 있던 많은 사람들을 살려 냈다. 그리고 이 물질을 발견한 사람은 노벨상을 받아 세계적인 스타가 되었다. 그 사람의 이름은 바로 알렉산더 플레밍(1881~1955)! 플레밍은 너무나 유명하기 때문에 학교 선생님도 다 알고 계실걸?

글쎄, 잘 모르겠다고? 그럼 알아보지, 뭐.

그럼, 당연히 알지.
알렉산더 플림…
어…플롬…
어…플램…어
플레밍이요!

선생님께 낼 시험 문제

1. 플레밍은 어떻게 해서 처음으로 의학 연구소에서 일하게 되었을까요?

a) 워낙 똑똑해서

b) 총을 잘 쏘아서

c) 연구소에 차 심부름할 사람이 필요해서

2. 제1차 세계 대전 때 플레밍은 프랑스에서 다친 병사들을 치료했습니다. 환자들을 돕기 위해 어떤 실험을 했을까요?

a) 벌레를 갈아 즙을 내 상처에 발랐다.

b) 상처 모형을 만들어 그 속에 세균을 집어 넣은 다음 살균 물질이 제대로 반응하는지 연구했다.

c) 차 찌꺼기를 이용해서 세균을 죽여 보려고 애썼다.

3. 플레밍이 가장 즐겨하던 취미는 무엇이었을까요?

a) 정원 가꾸기

b) 세균으로 그림 그리기

c) 각종 차 찌꺼기 모으기

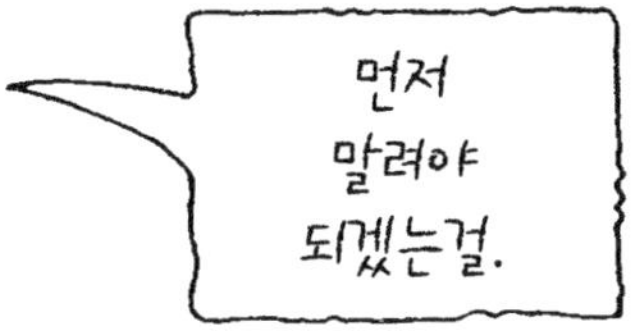
먼저
말려야
되겠는걸.

플레밍
각종
차 찌꺼기
모음집

4. 1921년 플레밍은 체내 점액에서 살균 물질을 발견했습니다. 어떻게 이런 대단한 발견을 하게 되었을까요?

a) 세균 배양 접시 위로 플레밍이 콧물을 빠뜨리는 바람에 우연히 발견했다.

b) 시험관에 여러 화학물을 섞어 개발했다.

c) 찻잎을 콧물이 잔뜩 묻은 손수건에 싸 두었더니 썩지 않는 것을 보고 힌트를 얻었다.

정 답 **1. b)** 오해하지 말길! 면접 보는 자리에서 총을 쏘았다는 뜻이 아니다. 플레밍이 다니던 학교 병원에는 우수한 사격 팀이 있었다. 플레밍이 이 팀에 속해 있었는데, 윗사람들이 사격 실력이 뛰어난 플레밍을 놓치고 싶지 않아서 병원에 채용했다고 한다.

최선을 다해 열심히
쏴 볼랍니다.

2. b) 플레밍은 유리로 상처 모형을 만들었다. 깊게 파인 모양의 모형을 만들어 그 속에 세균을 넣고 세균 제거 물질의 반응을 살펴보았더니 상처 구석구석에 있는 세균에는 전혀 영향을 미치지 못했다. 실험 결과를 확인한 플레밍은 상처를 치료하는 데는 화학 물질을 사용하는 것보다 상처 부위를 깨끗이 소독하고 붕대를 감는 것이 더 낫다는 것을 알게 되었다.

3. b) 플레밍은 세균을 사용해서 그림을 그렸다. 종류가 다른 세균들은 각기 다른 색을 낸다. 플레밍은 바늘 끝을 세균에 담갔다가 한천 판 위에 그림을 그렸다. 세균이 한천을 먹고 자라면서 그림은 점점 또렷이 나타났다. 여러분도 벽에 이런 작품 하나 걸어 둘 생각이 없는지?

4. a) 어느 날 감기에 걸린 플레밍이 세균이 든 접시 위에 콧물을 빠뜨렸는

인테리어 디자이너는 들어 봤어도
세균 디자이너라는 말은 못 들어 봤는데.

데 콧물 폭탄을 맞은 세균이 죽어 버렸다.

으아악!

(콧물 속에는 세균을 죽이는 효소인 리소자임이 들어 있었다. 이것은 약으로 만들 수 있을 정도로 센 힘을 갖고 있진 않았다. 하지만 플레밍은 이 일이 계기가 되어서 천연 살균 물질에 관심을 갖게 되었다.)

선생님의 점수에 대한 평가

0~1개 교장 선생님이 이 소식을 듣지 않으신 게 천만다행이다.

2~3개 보통 실력은 된다. 하지만 다음 번에 이런 테스트를 할 때 이것보다 높은 점수를 받으셔야 할걸?

4개 믿기지 않는 뛰어난 수준

그 밖에: 모두 c)라고 대답한 선생님은 아마 수업을 그만 두고 차 한 잔 마시며 쉬고 싶은 마음을 갖고 계실 거다. 이런 마음가짐은 어린 학생들을 가르치는 선생님으로서 별로 좋은 건 아닐 텐데….

제…제발
교…장 선생님께
마…말하지 마!
부들부들 덜덜

곰팡이 이야기

자연 상태의 페니실린은 플레밍이 한천 접시 위에서 키우던 일종의 희귀한 곰팡이에서 얻은 물질이다. 이 책 저 책에서 페니실린에 관한 이야기를 하고 있지만, 우리의 '앗! 이렇게 재미있는 과학이!' 는 그런 책과 비교되지 않는 특별한 책이니만큼 주인공이 직접 나와 자신의 이야기를 소개하도록 하겠다.

나의 이야기

지은이: 푸른곰팡이

나에 대해 알고 싶어하는 학생들이 있다니 놀랍군. 난 그저 보잘것없는 곰팡이일 뿐인데. 나를 비롯해서 우리 곰팡이 친구들은 인간이 세상에 나오기 훨씬 전인 몇백만 년 전부터 이 지구에 터를 잡고 살았어. 어쨌건, 무슨 일이 있었는지 자세히 설명하기로 하지.

내가 처음 세상 빛을 본 건 1928년 세인트메리 병원이었어. 난 홀씨 상태로 떠다니다가 곰팡이를 연구하고 있는 한 과학자의 시험 접시 위로 톡 떨어졌지. 꼭 젤리 같은 게 담겨져 있는 접시였어. 잠깐 퀴즈! 포도 젤리였을까. 딸기 젤리였을까? 아무도 안 웃네. 곰팡이의 쿰쿰한 유머 한 마디였는데. 그 젤리는 해초를 끓여서 만든 한천이라는 것이었어. 식성이 별로 까다로운 편은 아니니까 먹었지. 먹으라고 만들어 놓은 거니까 먹어 줬어.

플레밍은 시험 접시 위헤 세균에 감염된 고름을 담아 놓고 박테리아를 키우고 있더군. 난 그런 지저분한 건 가만 안 놔두지. 무슨 말인가 하면, 아무리 내가 하잘것없는 곰팡이기로서니 내 음식 위에 고름 덩어리를 올려 놓는 행동은 참을 수가 없단 뜻이야. 그래서 어떻게 했냐고? 우리 곰팡이 몸엔 병균을 죽이는 물질이 들어 있거든. 그걸 '찌-익' 하고 싸 줬지. 그 다음부턴 감히 병균이 침입하지 못하더군. '이제 이 접시는 내 거다' 하고 안심했어.

내가 이렇게 힘든 일을 하는 동안 플레밍은 뭘 하고 있었는지 알아? 사람들이 날 곰팡이라고 무시하고 안 가르쳐 줘서 나중에

나

야 알았는데 휴가를 갔었대. 플레밍은 휴가를 갔다 오더니 날 소독통에다 그냥 던져 버리는 거야. 천만 다행으로 내 밑에 다른 접시들이 착착 깔려 있어서 통 속에 빠지지는 않았어. 안 그랬으면 페니실린이란 이름은 절대로 세상에 알려지지 못했을 거야. 그런데 플레밍의 친구가 우연히 방에 들렀다가 날 보게 되었고 둘은 내게 관심을 갖기 시작했어. 그 때부터 난 험난한 인생길을 걷게 된 거야. 플레밍은 날 갖고 이것저것 계속 실험을 하고 그 친구는 내게 독이 있는지 알아본다고 뜯어먹어 보기까지 했다니까! 윽! 입 냄새. 그 때는 정말이지 내가 독이 있었으면 싶었어. 결국 플레밍은 날 즙을 내서 자기가 가장 아끼는 세균 접시 위에 올려 놓고 난 원하지도 않는 일을 시켰어. 세균을 죽이는 데 날 이용한 거야. 그로부터 수년간 그 게으른 과학자를 대신해서 날마다 접시 소독만 했어. 보잘것없는 곰팡이이긴 하지만 평생을 접시 소독이나 하면서 살고 싶었겠어?

세월이 지나면서 사람들은 화학 약품을 첨가해 내 즙을 더 강하게 만들었어. 그리고 그 게으른 플레밍은 날 발견한 덕택에 영웅 대접을 받더군. 친구랑 둘이서 노벨상도 받고 근사한 저녁 만찬에도 초대되어 가더라고. 그런데 나보고는 같이 가자는 말 한 마디 안 했다는 거 아냐. 그래, 난 보잘것없는 곰팡이야. 아무도 먹지 않는 곰팡이 핀 음식물 찌꺼기나 감지덕지하며 먹어야 하는 운명이지. 아무리 그래도 말이야. 플레밍은 나 덕분에 좋은 대접을 받은 거 아니야? 그런데 소중한 나를 젤리 접시에나 붙여 놓다니…. 너무했지? 솔직히 말해서 모두 내게 감사해야 한다고!

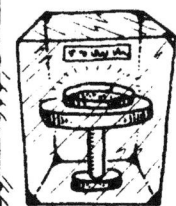

그 후로 어떻게 되었을까?

플레밍은 병균을 죽이는 곰팡이를 발견하고 뛸 듯이 기뻐했다. 하지만 앞에서 본 것처럼 플레밍이 발견한 곰팡이는 몸 안에 있는 병균을 죽일 수 있을 만큼 강하진 않았다. 그래서 좀 더 강한 곰팡이를 찾기 위해 노력했지만 더 힘센 곰팡이를 찾지는 못했다.

페니실린은 독일 출신의 영국 과학자 언스트 체인(1906~1979)에 의해 빛을 보게 되었다. 체인은 병균을 죽이는 물질을 연

삽니다!
곰팡이 핀 건 뭐든 삽니다.
곰팡이가 많이 핀 것일수록
좋은 값을 쳐드립니다.
저 낡은 양말 빨리 주세요.

구하던 중에 플레밍의 연구 논문을 읽고 곰팡이에 들어 있는 불순물을 제거하는 방법을 개발했다. 그리고 화학 성분을 첨가해 곰팡이의 힘을 더 강하게 만들었다. 강한 힘을 갖게 된 곰팡이는 능력을 발휘할 기회를 얻게 되었다. 세인트메리 병원에는 골수에 병이 들어 죽어 가는 한 소녀가 있었다. 그런데 많은 양의 페니실린을 이 소녀에게 투여했더니 하룻밤 만에 다 나았다.

어제는 몸이 아파
죽을 것만 같았는데,
오늘은 학교 가기 싫어
죽을 것 같네요.

체인과 그의 상관인 오스트레일리아 출신의 하워드 플로리(1898~1968)는 보다 강력한 페니실린을 대량으로 생산할 방법을 찾아 미국으로 갔다. 곧 그들의 계획을 뒷받침해 줄만한 곳을

찾았다. 미국 일리노이 주의 피오리아에 있는 정부 지원을 받는 연구소였는데, 그곳에선 옥수수 가공 과정에서 나오는 쓰레기로 곰팡이를 재배하고 있었다. 그 밖에도 균류 전문 연구가인 메리 헌트가 시골 시장에서 멜론에 붙어 사는 곰팡이를 발견했다.

신선하고
맛있는
멜론 있어요!
저기
바닥에 떨어진
곰팡이 핀 걸로
주세요.

메리 헌트가 발견한 곰팡이는 플레밍이 찾은 곰팡이의 친척쯤 됐다. 하지만 항생 물질로 만들기가 훨씬 좋았다. 그리고 여러 과학자들은 10년의 노력 끝에 시험관 안에서 항생제를 만들어 내는 데 성공했다. 작은 곰팡이가 전 세계 사람들에게 기적의 약 페니실린을 선물한 것이다.

곰팡이에 관한 놀라운 진실

1. 자, 이제 곰팡이가 우리 몸에 좋다는 것에 반대할 사람은 없겠지? 그런데 예전부터 곰팡이를 사용했던 나라가 있다는데…. 우크라이나와 영국 일부 지역에선 곰팡이가 핀 빵 조각을 붕대 대신 사용했다고 한다. 정말? 정말로 곰팡이는 상처난 곳으로 세균이 감염되는 걸 막아 주었단다.

팔에
샌드위치 붕대를
해 드리죠.
이렇게…

2. 아마 여러분은 페니실린을 치료약으로 써 본 적이 없겠지? 그런데 영국산 고급 치즈인 스틸턴 치즈를 먹어 본 사람은 있는지? 먹어 봤다구? 그럼 페니실린 맛을 본 거나 마찬가지다. 페니실린을 만드는 곰팡이와 스틸턴 치즈는 그 콤콤한 냄새가 비슷하거든.

이 냄새가 속은 좀 뒤집어놓을지 모르지만 병은 싹 낫게 해 준답니다.
속이 뒤집히는 냄새

3. 과학자들은 점점 더 많은 곰팡이 항생제를 발견하고 있다. 그중에는 곰팡이의 한 종류에서 얻어 낸 세팔로스포린이란 항생제가 있다. 이것은 이탈리아의 과학자 주세페 브로트주가 바닷가의 하수구에서 찾아 낸 것이다. 이 곰팡이는 썩은 배설물을 게걸스럽게 먹어치우고 있던 중 붙잡혔다고 한다.

4. 미국의 셀먼 왁스먼(1888~1973)이 또 다른 항생제를 발견했다. 대발견을 하는 영광을 얻기 위해 왁스먼은 만 번이나 실험을 했다.

5. 왁스먼은 병에 걸린 닭의 목에서 그토록 찾던 것을 발견했다.

찾았다!
나 죽네.

왁스먼은 병에 걸린 닭의 목에서 자라고 있는 곰팡이를 찾아 냈다. 이 곰팡이는 꼬꼬닭을 꼬꼬 소리도 못 내도록 아프게 만들기도 했지만 동시에 다른 병균을 죽이고 있었다. 왁스먼은 냄새나는 닭똥이 굴러다니는 닭장 안을 기어다니며 또 다른 곰팡이도 찾아 냈다. 1952년에 노벨상을 받았으니 그렇게 고생한 보람이 있었지?

엉뚱한 대화

박사님 왈:

스트렙토마이신이야.

말귀 못 알아듣는 학생 왈:

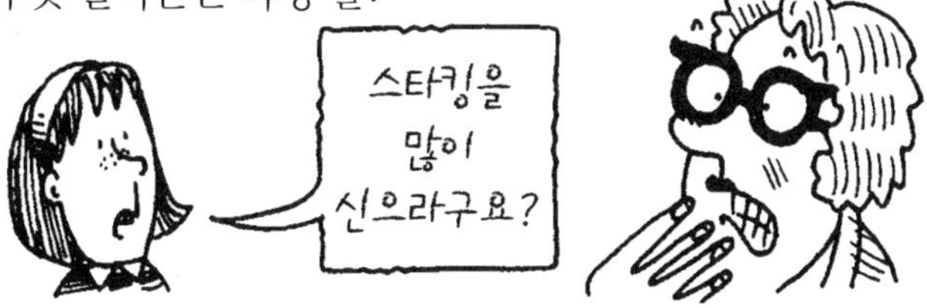
스타킹을
많이
신으라구요?

정답 스트렙토마이신은 왁스먼이 발견한 곰팡이의 이름이다.

스트렙토마이신은 전염병을 일으키는 세균을 박멸하는 데 효과가 있다는 것이 밝혀졌다. 이런 세균 종류는 어찌나 무시무시한지 우리가 앞에서 본 다른 세균들은 스트렙토마이신에 비하면 마음이 따뜻하고 착하게 여겨질 정도다.

좀 더 알고 싶다고? 좋아, 다음 장 어딘엔가 몰래 숨어 있는 녀석들을 잡으러 가 보자.

기세 등등 전염병

사람과 쥐, 벼룩, 세균이 각각 쓴 일기를 입수했다. 이 일기를 보면 세균 때문에 겪는 고통이 얼마나 큰지, 수백만 명의 사람들이 어떻게 죽어 갔는지 알 수 있다. 전염병이 어떤 건지 한 번 느껴 보고 싶다고? 그렇다면 이 일기를 읽는 게 좋겠군. 손가락 하나 다치지 않고 전염병을 겪어 볼 수 있는 좋은 기회니까.

결석계 2: 페스트(별명: 흑사병)

선생님께

선생님, 큰일났어요.
우리 불쌍한 ------(이)가 지난 밤에 흑사병에 걸렸어요.
그래서 숙제를 하나도 못 했답니다.
머리가 깨질 듯이 아프더니 열이 났고
그 다음엔 ------(이)의 임파선에 세균과 고름이
가득 차 버렸죠. 임파선이 어찌나 부었는지 사과만 해요.
------(이)는 지금 죽음의 고통을 겪고 있습니다.
무시무시한 세균 덩어리가 ------(이)의 피부 아래까지
침투해서 검은 반점이 생겼어요. 이 일을 어쩌죠?
------(이)는 죽을지도 모르겠어요.
그러면 학교도 못 가게 되겠죠?

무지막지하게 걱정하고 있는
------(이)의 부모 드림

결석계 보충 설명

1. 페스트는 '페스트균'이라는 세균이 일으키는 병이다. 이 세균의 크기는 아주 작지만 엄청난 파괴력을 갖고 있어서 5일 이내에 항생제를 투여하지 못하면 적어도 1/3의 환자가 죽는다.
2. 페스트균은 뇌와 핏속으로 침투하기도 하고 어떤 경우엔 폐를 녹여 버리기도 한다. 페스트 환자가 여기저기 기침을 하면서 병이 퍼져 나간다.
3. 페스트균이 독성 물질을 만들어 내고, 엄청난 세균 덩어리가 몰려다니며 생명을 유지하는 데 꼭 필요한 부분을 파괴하기 때문에 페스트에 걸린 동물은 결국 죽게 된다.

죽음의 길에서 쓰는 일기

홍미진진하다고? 글쎄, 이 무서운 병이 어떻게 퍼져나가는지 알게 된다면 생각이 달라질걸. 그럼, 음… 쥐와 벼룩, 사람, 세균이 각각 일기를 쓴다고 상상해 보자.

월요일
세균 일기: 정말 기분 좋다! 생쥐 몸 속에 숨어 있다가 벼룩 몸 속으로 이사 와서 벼룩의 내장 속에 들어와 있다. 이제 슬슬 식구를 늘릴 때가 온 것 같군.
쥐 일기: 사람들이 날 보면 느끼는 것처럼 그렇게 기분이 찜찜하다. 왜 이렇게 가렵지? 도대체 모르겠네.
벼룩 일기: 나는 알지. 내가 그랬으니까! 지금 쥐를 깨물고 있는 건 바로 나, 벼룩이지. 이 세상에서 쥐의 피만큼 맛있는 건 없거든.

수요일

벼룩 일기: 아프다.
아무것도 삼킬 수 없다.
피를 빨아먹을 때마다
고통스럽다. 바보같이
어디선가 나쁜 피를
빨아먹었나 보다.
미쳐 펄쩍펄쩍 뛸
지경이다.

세균 일기
안됐군, 친구
우리 식구가 수천 명으로 불어
나 네 내장을 점령하고 있으니
당연히 제대로 먹질 못하겠지?
달리 위로해 줄 만한 말은 없
고… 그저 벼룩의 간을 빼먹어
미안하다고나 할까?

벼룩 일기
배가 고파 죽을 지경이다.
그래서 눈에 띄는 건 뭐든 깨물어 본다.
그러다 보면 삼킬 수 있을 만한 피를
찾게 될지도
모르지.

세균 일기
하! 하! 하! 벼룩, 고마워, 네가 그럴 때마다
우리는 다른 몸 속으로 들어갈 수 있거든.

목요일

사람 일기: 아야! 기분 나쁜 벼룩이
잖아! 떨어져, 떨어져!

세균 일기
얘들아,
이제 사람 몸속
으로 침투해
보자.

다음 주 수요일

사람 일기
몸이 너무 아프다. 열이 나고 계속 토하기만 한다.
팔에 커다란 혹이 여기저기 생겼다.
어우, 징그러워.

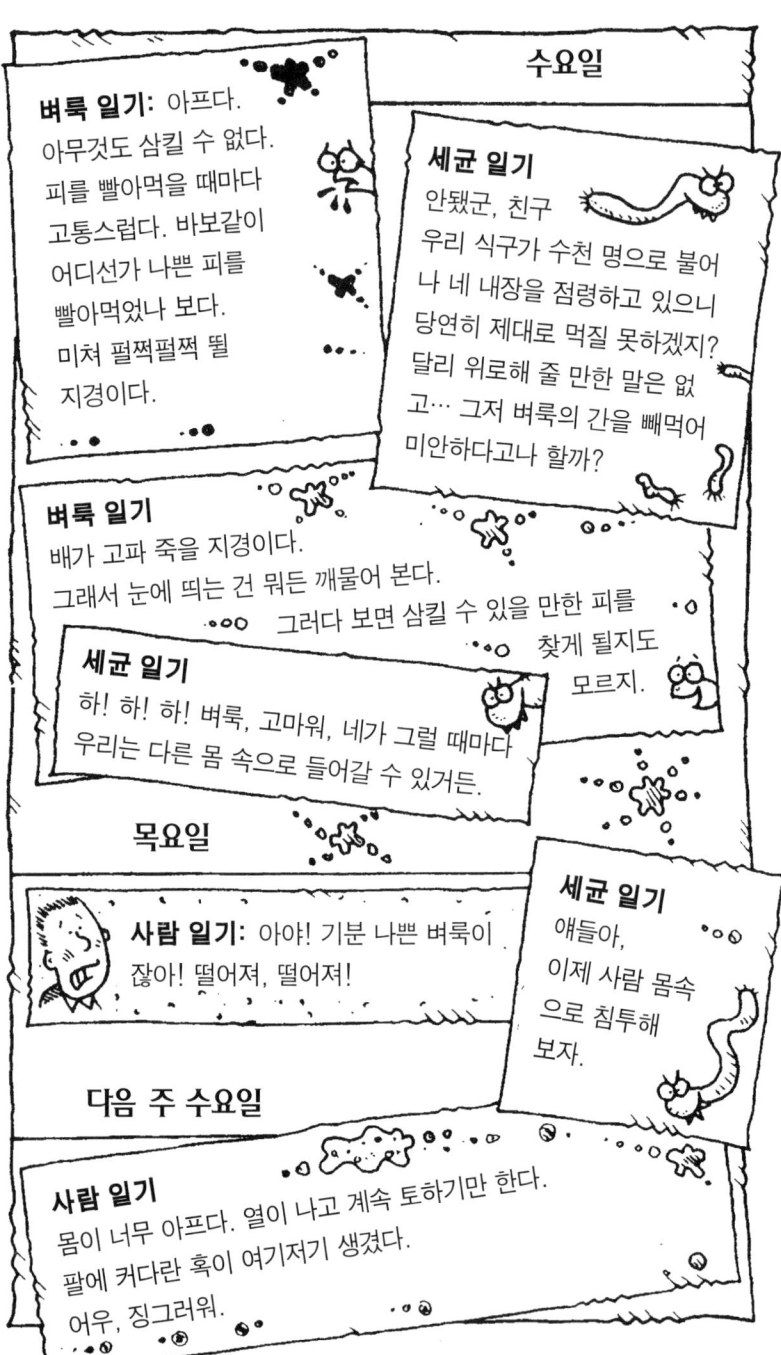

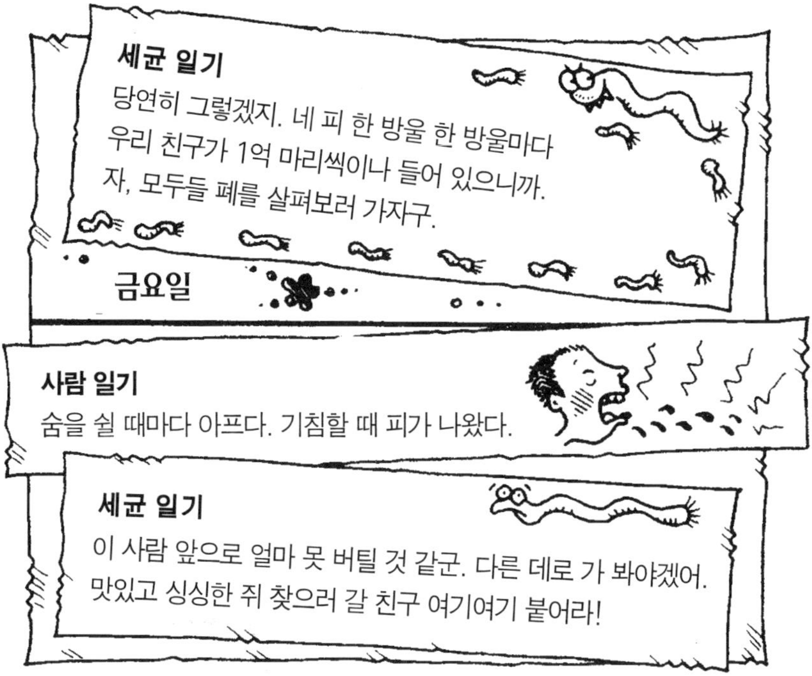
세균 일기
당연히 그렇겠지. 네 피 한 방울 한 방울마다
우리 친구가 1억 마리씩이나 들어 있으니까.
자, 모두들 폐를 살펴보러 가자구.
금요일
사람 일기
숨을 쉴 때마다 아프다. 기침할 때 피가 나왔다.
세균 일기
이 사람 앞으로 얼마 못 버틸 것 같군. 다른 데로 가 봐야겠어.
맛있고 싱싱한 쥐 찾으러 갈 친구 여기여기 붙어라!

이건 몰랐지롱!

1. 쥐는 사람보다 페스트에 걸려 죽을 가능성이 더 크다. 하지만 누가 쥐한테 신경이나 써 주겠어? 하긴, 애완쥐를 기르는 사람이 있다는 얘길 듣긴 했지만…. 아무거나 갉작거리는 징그러운 녀석들을 '보송이'니 '귀염둥이'니 하며 예뻐하다니! 도저히 이해할 수 없는 일이야.
2. 사람이 페스트에 걸리는 건 벼룩이 깨물어서 옮기는 경우가 가장 많다. 그 밖의 방법은…
   a) 벼룩 물린 자리에 벼룩 분비물을 문지르는 경우(벼룩 몸엔 항상 세균이 들어 있다.)
   b) 벼룩을 입 안에 넣고 씹는 경우. 벼룩 피엔 세균이 가득 들어 있다. 편도선에 벼룩 피가 묻으면 사람 핏속으로 세균이 스며들 수 있다. 우웩!

이제 세균이 어떻게 사람 몸으로 들어오는지 알겠지? 그런데 페스트는 도대체 어디서 시작됐을까? 누가 제일 먼저 걸렸을까? 베일에 싸인 페스트의 지저분한 일생을 속시원하게 파헤쳐 보겠다.

죽음의 세계
안녕하세요, '죽음의 세계' 시간이 돌아왔습니다. 저희 프로그램은 늘 깜짝 놀랄 만한 방송을 하는 걸로 명성이 자자하죠.

오늘은 이 남자 분의 몸 속에 있는 특별한 세균을 취재하기 위해 머나먼 인도까지 찾아왔습니다.
정말 너무하는군.

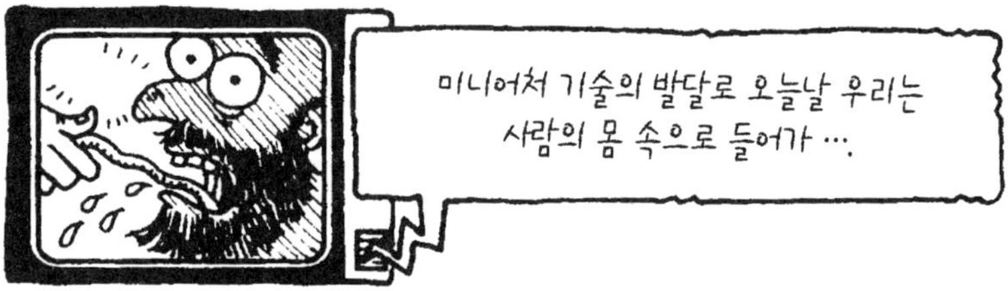

미니어처 기술의 발달로 오늘날 우리는 사람의 몸 속으로 들어가 ….

페스트 세균과 인터뷰를 할 수 있게 됐어요. 페스트균, '죽음의 세계'에서 나왔습니다.
이게 뭐야? 왜 이래요?

당신의 어린 시절 이야기는 잘 알려지지 않았잖아요? 중앙아시아에서 살았다고 하던데 …
그래요. 십만 년 전 이야기라 정확히 기억나진 않아요. 하지만 따뜻한 동굴 속에서 야생 마멋과 행복하게 지냈던 건 또렷이 기억납니다.
마멋은 그 고약한 병에 걸리지 않았나요?
그럼요. 내가 점잖게 지냈으니깐. 좋아요, 사실대로 말하죠. 마멋의 면역계 때문에 난 증식할 수가 없었어요. 하지만 마멋도 날 밖으로 쫓아낼 수가 없었죠.
그러다가 쥐와 벼룩을 만나 팀을 만들어서 오랫동안 함께 활동했죠? 셋이서 전 세계를 돌아다니며 배나 사람의 집에서 살았지요?
그랬어요. 하지만 사이가 좋진 않았어요.
여기 그 둘을 초대했습니다.
으르릉, 너 우릴 아프게 했겠다? 오늘 맛 좀 봐라!
아, 안녕?
그리고 나서 아시아와 유럽에서 수백만 명이나 되는 사람들에게 병을 옮겼습니다. 542년 콘스탄티노플에 갔을 땐 매일 만 명이 당신 때문에 죽었어요.
맞아요. 그때가 좋았죠.

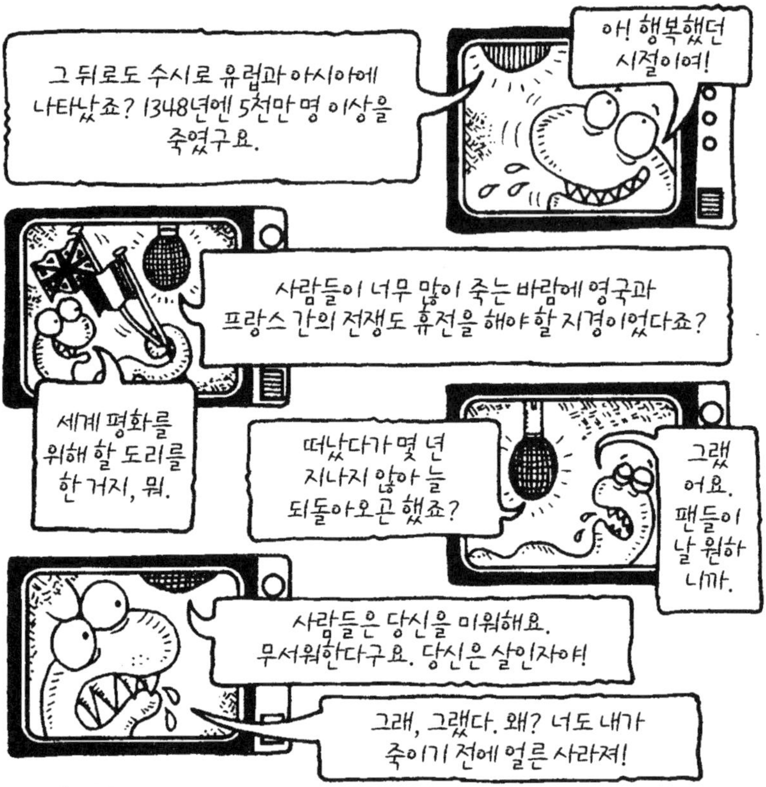
그 뒤로도 수시로 유럽과 아시아에 나타났죠? 1348년엔 5천만 명 이상을 죽였구요.
아! 행복했던 시절이여!
사람들이 너무 많이 죽는 바람에 영국과 프랑스 간의 전쟁도 휴전을 해야 할 지경이었다죠?
세계 평화를 위해 할 도리를 한 거지, 뭐.
떠났다가 몇 년 지나지 않아 늘 되돌아오곤 했죠?
그랬어요. 팬들이 날 원하니까.
사람들은 당신을 미워해요. 무서워한다구요. 당신은 살인자야!
그래, 그랬다. 왜? 너도 내가 죽이기 전에 얼른 사라져!

지독한 페스트

페스트는 몇 해마다 수시로 발생해서 유럽의 모든 곳을 공격했다. 남녀노소 누구든, 부자든 가난한 사람이든 상관없이 누구나 페스트에 걸려 죽었다. 페스트가 번지는 곳엔 슬픔과 비극, 죽음이 따라다녔다. 사람들은 병을 피해 피난을 갔고, 그 바람에 가족이 뿔뿔이 흩어지기도 했다.

페스트다. 도망가자!
내가 그런 거 아냐!

모든 국가와 정부는 끔찍한 페스트를 막기 위해 온갖 노력을 다했다. 다음 중 어떤 것이 정말 페스트를 물리치기에 좋은 방법일까?

페스트 퇴치법 찾기

참과 거짓을 답하라.

〈페스트를 물리치기 위해서는…〉

1. 모든 고양이와 개를 다 죽여야 한다(예외는 없다. 집에서 키우는 금붕어도 죽여!)

2. 페스트가 발생한 지역에 살던 사람이 바깥 지방으로 나오려면 40일간 격리되어 있어야 한다.

3. 페스트에 걸린 사람은 하루에 두 번씩 아주 아주 뜨거운 물에 목욕을 해야만 된다.

너무 뜨거워서 죽겠어.
밖으로 나오면 내가 죽여 주겠어.

4. 페스트에 걸린 사람의 집 문에 빨간 페인트로 가위표를 하고 모든 식구를 밖에 나오지 못하게 가둔다. 음식과 약은 문 앞에 두고, 할머니를 보내 죽었는지 살았는지 살피게 한다.

5. 밖으로 빠져 나오는 사람은 바로 집 앞에서 교수형에 처한다.

6. 페스트에 걸린 사람에게 당장 마을을 떠나라는 조건으로 100파

얼마
안
남았어!

운드를 준다.

7. 페스트에 걸린 사람의 집과 집 안의 모든 물건을 태운다.

정 답 **1. 참**. 1665년 영국의 런던에서 7만 5천 명이 페스트에 걸려 죽자 페스트가 퍼지는 것을 막기 위해 모든 개와 고양이를 죽였다. 개와 고양이도 페스트에 걸리긴 했지만 죽인다고 해서 큰 효과가 있진 않았다. 왜냐하면 벼룩이 사람을 물어 병을 계속 옮기고 다녔기 때문.

2. 참. 실제로 이 방법은 1377년 라구사(지금의 크로아티아)에서 사용했던 페스트 예방책이다. 이 때부터 검역 기간이 40일로 정해진 것이라고 한다. 규칙을 정확히 지키자 페스트는 더 이상 번지지 않았다.

3. 거짓. 1348년 파리 대학의 의사들은 목욕을 하면 피부의 땀구멍이 열리면서 몸속으로 병균이 침투하기 쉬워진다고 경고했다.

4. 참. 1665년 영국의 런던에서 있었던 일이다. 여기서 말하는 할머니란 하얀 머리의 다정한 할머니를 뜻하는 게 아니라 도둑 마녀를 말한다. 도둑 마녀들은 죽은 사람들의 돈을 훔치고 아직 죽지 않은 사람의 목을 졸라 죽였다. 1348년 이탈리아의 피렌체에서도 무덤 도굴꾼들이 이런 끔찍한 짓을 일삼았다고 한다.

5. 참. 스코틀랜드 지방에서 이렇게 했다. 1530년, 한 재단사가 아픈 부인을 위해 기도하러 교회에 가려고 하다가 집 앞에서 교수형을 당하게 되었다. 다행히 목을 맨 줄이 끊어지는 바람에 재단사는 마을을 쫓겨나는 벌만 받았다.

6. 거짓.

7. 참. 영국의 여왕 엘리자베스(1533~1603)는 환자들의 물건을 모두 태워 버리라고 명령했다. 벼룩이 불에 모두 타 죽기를 바라면서…. 그리고 1899년, 하와이에서는 집에 불을 지른 일도 있었다. 그런데 불행히도 이 불이 걷잡을 수 없게 번져 5000채 이상의 집을 태우는 결과를 낳았다. 책임자가 벌을 받았냐구? 아마 아닐걸!

이건 몰랐지롱!

1665년 에이엄이라는 영국 마을로 옷꾸러미 하나가 배달됐다. 그것은 런던의 페스트 발생 지역에서 보낸 것이었고 벼룩과 페스트균이 묻어 있었다. 옷을 받은 사람은 나흘 만에 죽어 버렸다. 이 마을 사람들은 페스트가 번져 나가는 것을 막기 위해 용감한 결정을 내렸다. 스스로 마을을 격리하고 아무도 밖으로 나가거나 안으로 들어오지 못하게 했다. 그리고 한 사람씩 차례로 죽어갔다. 다음 해 봄, 마을 사람 450명 가운데 84명만이 살아 남았다. 하지만 이 마을 사람들의 용감한 행동 덕택에 더 많은 사람들이 페스트에 걸리지 않을 수 있었다.

아직까지 페스트의 원인이 무엇인지는 밝히지 못하고 있다. 하지만 그간 의사 선생님들은 온갖 상상력을 발휘해 치료법을 개발해 냈다. 그 중에 보통 사람의 머리로는 천 년을 고민해도 생각하지 못할 특별한 방법도 있었다. 말할 필요도 없이 그것들은 다 쓸모 없는 것이긴 했지만.

반드시 알아두어야 할 건강 상식

좀 전에 말한 것 명심했겠지? 그러니 앞으로 읽을 치료법을 절대 따라해서는 안 된다. 자신한테건 동생한테건 심지어 애완 동물에게도 절대 절대 적용해 보지 말 것! 아주 위험한 일이 생길지도 모르니까.

페스트 치료법이 적힌 옛날 옛적 책

제 1장
알맞은 복장 갖추기
(1348년 버전)

유럽의 모든 의사들이 최신 유행의 페스트 방지 복장을 갖춰 입고 있다. 최고의 과학 기술을 이용해서 만든 이 복장이 페스트를 막아 줄 것이다.

좋은 향이 나는
약초로 가득 채운 부리
가면
환자의 맥박을
확인하기 위한 막대
긴 가죽 장갑
가죽 가운
과학적 설명 추가
그래도 벼룩은
이 옷을 뚫고 들어와 의사를
물어 페스트를 옮겼다.

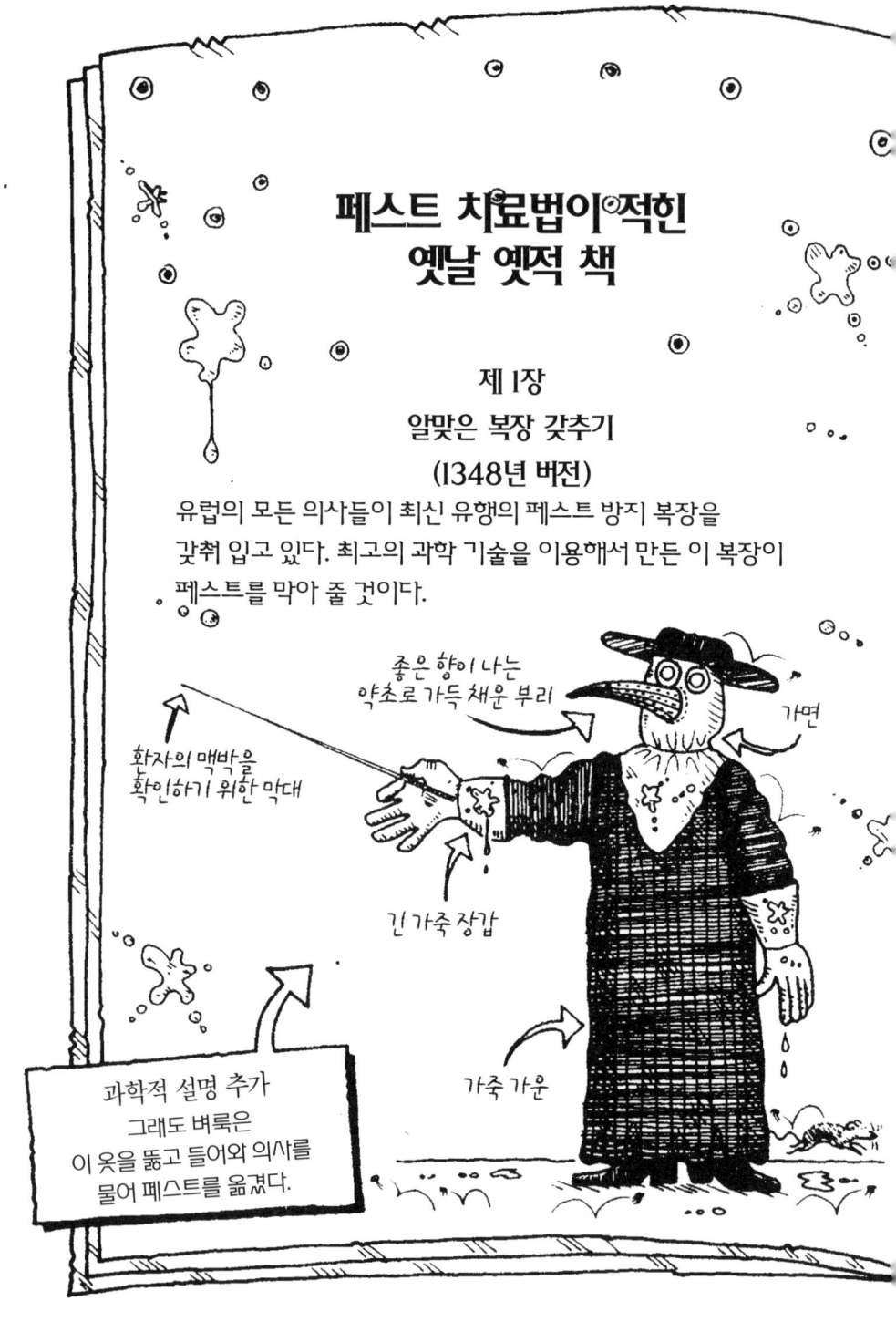

제2장
신선한 공기 호흡

누구나 다 알다시피 공기 중에 있는 나쁜 냄새가 페스트를 일으킨다. 원인을 알았으니 다음과 같이 해 보길 권한다. 커다란 횃불을 켜 놓거나 대포를 쏘면 제일 좋은데…

대포 연기가 냄새를 제거해 준다.
담배를 피우는 것도 좋은 방법이다.
담배 냄새도 나쁜 냄새를 없애니까.
누구든지 다 담배를 피워야 한다.
어린이들도 반드시.

역사적 설명 추가

대포나 담배 요법은 17세기에 사용했던 것이고 나머지 방법들은 1348년에 사용되었다. 영국의 유명한 학교인 이튼 칼리지에선 학생들이 담배를 피우지 않는다는 이유로 선생님께 회초리를 맞았다고 한다.

철썩!
흡연은 건강을 해친다구요!

땡!
땡!

실내 공기를 좋게 바꾸려면 방 안에 새를 풀어서 날아다니게 하든가 종을 몇 개 달아 소리를 내는 방법을 써 보길 바란다.
화약이나 새, 종 같은 것을 구할 형편이 안 된다면 병에 방귀를 담아 뒀다가 필요할 때마다 마개를 열어 냄새를 퍼뜨리는 것도 좋은 방법이 된다.
방귀 냄새는 페스트를 일으키는 나쁜 냄새를 물리칠 수 있다(덤으로 친구까지).
병이 없으면 그냥 화장실에 들어가서 문을 꽉 닫고 해 보도록.

고약한 냄새!

제3장
목욕법

여기서 권하는 방법은 누구다 다 하는 물 목욕이 아니다. 물에서 목욕하는 건 병을 오히려 키우게 만들 수도 있다. 페스트를 없애기 위해 1348년에 사용했던 목욕물은…

a) 식초

b) 본인의 소변
(목욕하고 남은 것은
하루에 두 번 마시면 좋다)

c) 염소 소변

제 4장
건강에 좋은 바르기 요법
:17세기 민간요법

페스트에 걸린 사람은 특히 피부에 신경 써야 한다. 그러니 이런 방법들을 한 번…

1. 두꺼비 한 마리를 잡아 발로 짓누른 다음, 그 즙을 페스트 때문에 생긴 염증 부위에 골고루 발라 준다.

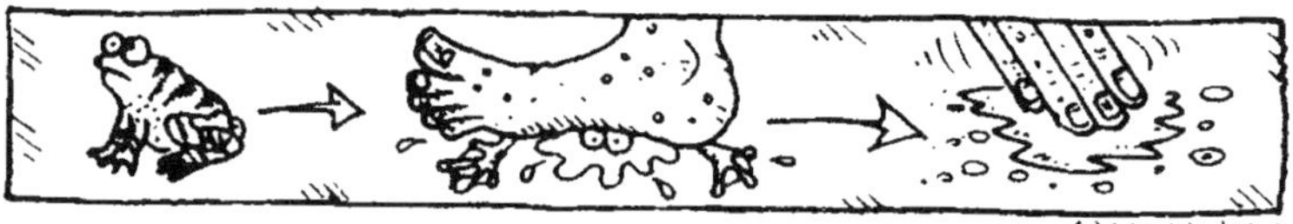

2. 죽은 닭의 엉덩이를 페스트 염증 부위에 문지른다.

3. 개의 내장을 이마에 바른다.

제5장
신비의 만병통치약

이제 본론으로 들어가서 약을 살펴보겠다.
눈 깜짝 할 사이에 페스트를 치료해 줄 약을 소개하지.
눈을 두 번 깜빡할 사이였든가…

1. 페스트에 걸린 사람의 염증 부위에서 긁어낸 가루를 말려서 갈아먹어라. 신선한 고름을 담은 그릇에 담갔다가 꺼내 먹으면 더 맛이 좋을 걸. (14세기 방법)

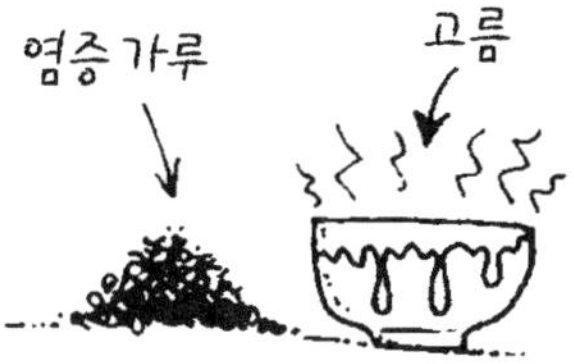

염증 가루
고름

2. 좀 더 알고 싶다구?
   그럼, 17세기에 사용했던 약을 만들어 볼까?
   필요한 재료는…

a) 매우 고통스럽게 죽은 젊은 남자의 뇌를 준비한다.

b) 뇌를 잘 으깬 다음 포도주를 섞는다.

c) 말똥을 한 덩어리 넣고 일 년간 푹 삭힌다.

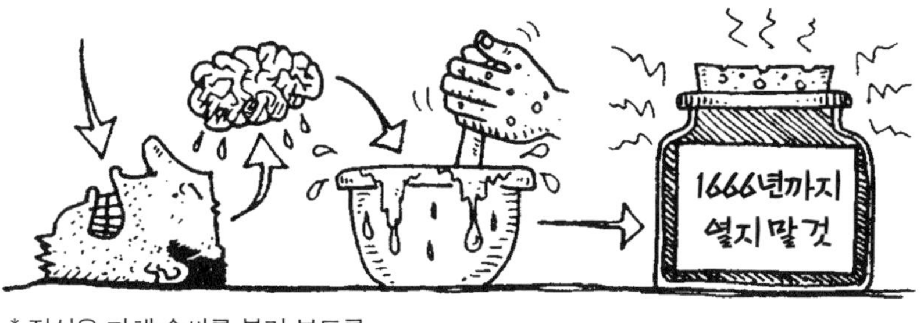

1666년까지
열지 말것

* 정성을 다해 솜씨를 부려 보도록.

과학의 힘으로 페스트 세균을 잡다!

1855년, 잠시 잠잠했던 페스트가 다시 발생했다. 그 뒤 40년간 중국의 윈난성에선 10만 명이 죽었다. 페스트는 중국 내륙을 휩쓴 다음 홍콩 등의 해안 지역에 도착했고, 항구의 배들은 쥐와 벼룩, 세균을 싣고 항해에 나섰다. 그렇게 페스트는 전 세계로 퍼져 나갔다.

뱃멀미가 나서 죽겠어.
앞으로 나 때문에 겪을 고통에 비하면 아무것도 아니지.

1896년에서 1917년 사이, 인도 한 나라에서만 천만 명이 죽었다. 어떻게 해서든 페스트를 막아야 했다.

그 사이 과학자들은 세균이 병을 일으킨다는 사실도 알아냈고 코흐 덕택에 특정한 질병을 일으키는 세균이 어떤 것인지 찾아 내는 실험도 할 수 있게 되었다(아니면 그냥 찾아 낼 수 있다는 자신감만 갖고 있었는지도 모르지만).

1894년, 로베르트 코흐 연구소에서 과학자 한 팀을 만들어 홍콩으로 보냈다. 페스트를 일으키는 세균을 찾기 위해서였다. 팀을 이끄는 사람은 당시 유명한 과학자였던 기타사토 시바사부로(65쪽에서 본 적 있었는데 기억나는지?)였다. 하지만 페스트균을 찾는 건 코흐 연구소만이 아니었다. 루이 파스퇴르 연구소 출신의 스위스 사람 알렉상드르 예르생(1863~1943) 역시 중국 근처의 베트남까지 와서 지도를 만들고 있었다. 두 사람 중 누가 위대한 발견을 하게 될까?

예르생은 아마 이런 일기를 쓰지 않았을지 상상해 본다…

예르생의 일기 (1894년)

토요일

오늘 홍콩에 도착했다. 여긴 정말 덥다.
앞으로 머물 하숙집은 초라하기 짝이 없다.
혼자서 짐을 다 들고 오느라 얼마나 고생을 했는지 모른다.
기타사토는 서른 명의 조수를 이끌고 나타나
시내 한복판의 멋진 호텔에서 지낸다.
그럴 만도 하겠지.
하지만 누군 으리으리한 곳에서 잠자는데
누군 갈아입을 옷조차 변변치 않다니….

월요일

이 곳 병원을 찾아갔다.
페스트 환자를 진찰해 보려고 찾아간 건데
쫓겨나 버렸다. 모두들 기타사토가
세균을 찾아 낼 거라고 믿나 보다.
기타사토는 하얀 옷을 말쑥하게 차려입고 나타나서는
나를 마치 고양이가 물고 온 쥐 정도로 취급했다.
"예르생, 한 발 늦었군!" 기타사토가 잘난 척하며 비웃었다.
"내가 벌써 세균을 찾아 냈다고. 간단히 해결했지.
페스트 환자 시신의 손가락에 있더군.

수요일

모두들 기타사토가 세균을 찾아 냈다고
믿었지만 난 생각이 좀 다르다.
어떻게 손가락으로 페스트가 감염될 수 있을까?
폐나 림프절이면 몰라도 어떻게 손가락일 수 있지?
어쨌거나 페스트 환자의 시신을 화장하려는

영국 선원들에게 돈을 좀 주고, 시신에서 심하게 부풀어 썩은 림프절을 잘라내 왔다. 구역질 나는 작업이긴 했지만 난 과학자가 아닌가! 이런 일쯤이야 아무것도 아니지. (잠깐 실례, 우-웩!)

금요일

찾았다. 림프절에 작고 통통한 세균이 바글바글하다. 이제 배양하기만 하면 된다.

그런데 제대로 하고 있는 걸까?
괜히 시간만 낭비하는 게 아닐까?
어쩌면 기타사토가 옳을지도 모르겠다.

토요일

배양한 세균을 건강한 쥐의 몸에 주사했다. 내 방에 쥐가 있다는 걸 하숙집 주인 유 페이나우 씨가 모르는 게 천만다행이다.
시간아, 시간아! 빨리 지나가라.
그런데 쥐가 페스트에 걸릴까?

수요일

쥐는 아직도 건강하다.
코 한 번 훌쩍이지도 않는군.

목요일

쥐의 림프절이 부었다.
녀석이 꼭 술에 취한 것처럼 움직인다.
마침내 페스트에 걸렸나 보다.
많이 아픈 모양이다. 만세! 만세! 만세!
너무 기쁘다.

페스트를 일으키는 세균을 찾아 낸 건 예르생이었다. 그래서 그의 업적을 기려 페스트균의 학명을 Yersina pestis라고 부른다. 예르생은 프랑스로 돌아와 페스트균의 독성에 대항하는 항독소를 만들었다. 2년 뒤에 다시 홍콩으로 가서 이 항독소를 시험해 보았다. 역사상 최초로 페스트를 치료하는 순간이었다! 지금도 페스트는 떠돌고 있다. 아시아와 미국 일부 지역의 야생 동물이 페스트를 옮기고 있긴 하지만 이제는 약이나 항생제로 퇴치할 수 있다. 페스트는 여전히 무서운 병이긴 하지만 예전처럼 많은 사람들이 페스트 때문에 속수무책으로 죽진 않게 되었다.

지금까지 살펴본 페스트 정도로 속이 거북하다면 곤란하다. 다음 장에 나올 것에 비하면 페스트 정도야…

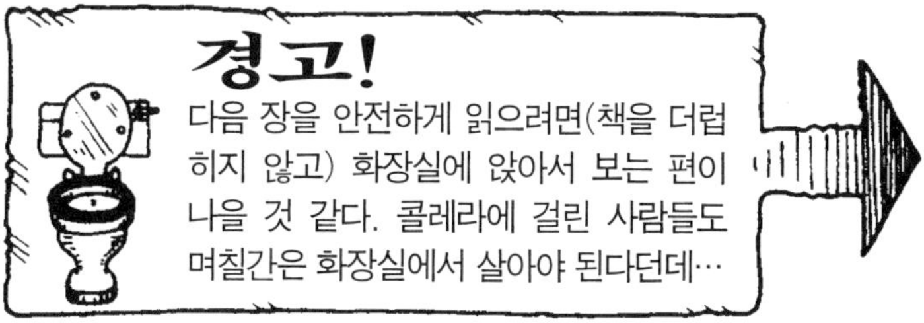
경고!
다음 장을 안전하게 읽으려면(책을 더럽히지 않고) 화장실에 앉아서 보는 편이 나을 것 같다. 콜레라에 걸린 사람들도 며칠간은 화장실에서 살아야 된다던데…

우웩!! 허억! 끙끙!

큰일내는 콜레라

조금 있다가 뭘 먹을 생각을 하고 있는 사람은 지금 당장 먹고 오는 게 좋을 것 같다. 이 장을 읽다 보면 입맛이 싹 사라져 한동안 다이어트가 저절로 될 테니까. 우리의 입맛을 떨어뜨리는 장본인을 소개하겠다. 콜레라를 일으키는 아주 조그맣고 악질적인 벌레 등장!

이름으로 배우자

아마 여러분의 선생님께선 모르실 그리스어를 하나 가르쳐 주지. '콜레라'는 그리스 말로 설사를 뜻한다. 다음에 혹시 심한 설사를 할 기회가 생긴다면 선생님께 콜레라가 지독해서 한 여섯 달쯤 쉬어야겠다고 말씀 드려봐! 하지만 콜레라를 '설사'라고 부른다는 건 거대한 유람선 '타이타닉'을 그냥 보트라고 부르는 것과 같다. 그런데 심한 콜레라에 걸려서 학교에 안 가고 푹 쉬는 것과 타이타닉을 타고 여행하는 것 중에 어느 쪽이 더 좋을까? 책을 읽으면서 천천히 생각해 보도록….

치명적인 질병에 대한 보고서

이름: 콜레라

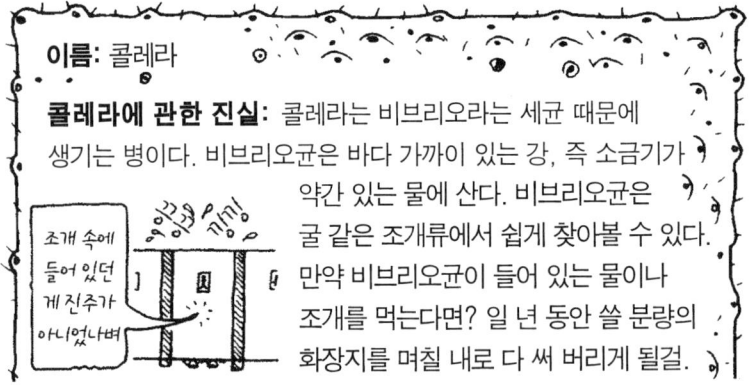

콜레라에 관한 진실: 콜레라는 비브리오라는 세균 때문에 생기는 병이다. 비브리오균은 바다 가까이 있는 강, 즉 소금기가 약간 있는 물에 산다. 비브리오균은 굴 같은 조개류에서 쉽게 찾아볼 수 있다. 만약 비브리오균이 들어 있는 물이나 조개를 먹는다면? 일 년 동안 쓸 분량의 화장지를 며칠 내로 다 써 버리게 될걸.

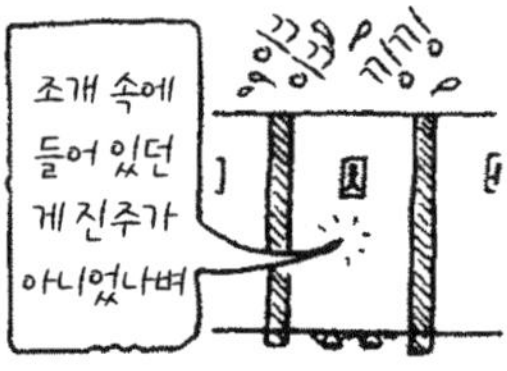

조개 속에 들어 있던 게 진주가 아니었나벼

좀 더 자세히: 콜레라에 걸렸을 때 나타나는 증상은 너무나 지저분하고 불쾌한 것이라 차마 입 밖으로 꺼낼 수 없는데…. 얘기 안 해주면 책을 서점에 갖다 주고 딴 걸로 바꾸겠다구? 알았어, 알았어. 대신, 난 분명히 경고했다!

지저분한 일기

이번에는 1800년대로 돌아가 어떤 부인이 아픈 남편을 간호하며 쓴 일기를 살짝 훔쳐보겠다. 우리의 이상한 의사 선생님, 엉뚱괴기 박사님이 현대 의학적 소견을 덧붙여 주셨다.

월요일

1832

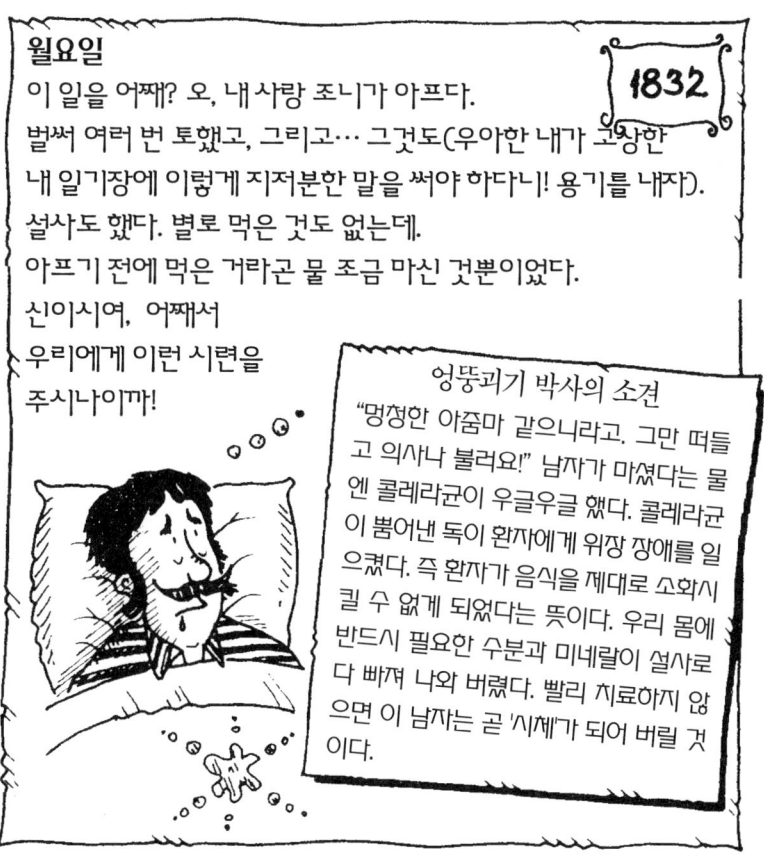

이 일을 어째? 오, 내 사랑 조니가 아프다.
벌써 여러 번 토했고, 그리고… 그것도(우아한 내가 고상한 내 일기장에 이렇게 지저분한 말을 써야 하다니! 용기를 내자).
설사도 했다. 별로 먹은 것도 없는데.
아프기 전에 먹은 거라곤 물 조금 마신 것뿐이었다.
신이시여, 어째서
우리에게 이런 시련을
주시나이까!

엉뚱괴기 박사의 소견

"멍청한 아줌마 같으니라고. 그만 떠들고 의사나 불러요!" 남자가 마셨다는 물엔 콜레라균이 우글우글 했다. 콜레라균이 뿜어낸 독이 환자에게 위장 장애를 일으켰다. 즉 환자가 음식을 제대로 소화시킬 수 없게 되었다는 뜻이다. 우리 몸에 반드시 필요한 수분과 미네랄이 설사로 다 빠져 나와 버렸다. 빨리 치료하지 않으면 이 남자는 곧 '시체'가 되어 버릴 것이다.

화요일

오, 세상에! 불쌍한 조니. 상태가 더 나빠졌다.
온몸에 열이 나고, 배에선 끊임없이 그것이 만들어지고 있다.
입에 담기도 싫은 그 액체! 목 말라하면서도
뭐든 마셨다하면 다 토한다. 이런 무서운 일이!
조니의 피부가 푸르죽죽해졌다. 온몸에 경련을 일으키며
괴로워하기도 한다. 의사를 불렀다.
그런데 내 사랑 조니한테서 피를 뽑아야 한단다. 피가 너무
많아서 생긴 병이라나. 어머나, 또 세상에!
내 사랑 조니의 피가
시럽처럼 새까맣게
변했잖아!

엉뚱괴기 박사의 소견

이런 의사는 내쫓아 버려야 해! 환자는 점점 말라죽어 가고 있단 말이야. 수분을 공급해 줘도 시원찮을 마당에 피를 빼? 경련이 일어나고 피가 검게 변하는 것은 수분이 부족하기 때문이다. 피가 검게 변하면서 피부도 푸르죽죽해 보인다. 설사 속에 작은 내용물이 들어있군. 음, 이건 좀 더 자세히 살펴봐야겠는데.

수요일

오, 세상에! 내 사랑 조니가
하늘 나라로 가 버렸다.
조니의 피부는 자주색으로
변했다가 검푸르게 되더니 검은 색이
되어 버렸다. 불쌍한 조니의 얼굴이
꼭 해골 같다. 아니, 잠깐! 내가
글쓰는 동안 움직인 것 같은데…
으아악! 죽은 사람이 부들부들
떨고 있잖아!

부들
부들

엉뚱괴기 박사의 소견

예상했던 대로 환자가 죽었군. 인체에 꼭 필요한 염분이 부족하면 신경 세포에서 신호를 내보내게 되는데 환자가 죽은 뒤에도 신호가 계속 전달돼 몇 시간 동안은 근육이 움직인다는건 몰랐지? 음~ 죽은 사람이 나한테 부검을 받고 싶어서 온몸을 부들부들 떠는 것처럼 생각되는데.

너무나 끔찍하지? 이런 끔찍한 병에 걸리지 않게 천리만리 도망가고 싶은 생각이 들지 않아? 천리만리 뛰어갈 자신이 없다면 콜레라 파티가 열리는 곳으로 날아가 며칠 편안히 쉬고 오는 건 어때?

"앗! 이렇게 재미있는 과학이!"

추천하는 휴가 상품

콜레라와 함께 보내는 이색 체험의 현장

세상에서 가장 멋지고 화려한 곳으로 당신을 초대합니다.
화장실에서 즐거운 나날을 보내세요!(화장지 챙기는 것 잊지 마세요) 당장 떠나시지 않으렵니까?

1832년 파리

파리 축제에 모여든 사람들의 화려한 얼굴 페인팅이 아주 큰 볼거리입니다. 정말 놀랍죠? 화려한 색으로 얼굴을 분장하고 환한 의상을 차려 입었네요.

다음 쪽에 계속

진실의 쪽지

1. 푸른색으로 얼굴을 분장한 사람들은 사실 콜레라 환자였다. 이 사람들이 길에 쓰러져 죽을 때까지는 아무도 콜레라 환자라고 생각하지 못했다.
2. 프랑스인이 아닌 경우엔 그 자리에서 슬쩍 몸을 피하는 게 나을 것 같다. 사람들이 죽는 걸 본 프랑스인들이 외국인 때문에 나쁜 병에 걸린 거라고 생각하여 마구 덤벼들 테니까.
3. 좀 더 강한 콜레라 체험을 해 보고 싶다면 프랑수아 메장디가 개발한 콜레라 치료법을 한 번 받아 보는 건 어떨까? 먼저 침대에 눕는다. 그 다음 몸 위에 피 빨아먹는 거머리를 올린다. 그것도 50마리를 온몸에 골고루. 잠깐! 이건 어디까지나 체험일 뿐이라는 사실 잊지 말도록. 이런 방법으로는 절대 나을 수 없다.

모험의 세계로 떠나 볼까요?

1890년대 러시아로 떠납니다. 이 여행의 참가자들은 콜레라 환자로 의심받는 역을 맡아 스릴 넘치는 모험을 하게 됩니다.

일단 경찰이 당신을 콜레라 환자로 지목하면 소지품은 모두 빼앗기게 되고, 군대 막사 같은 수용소에 갇혀질 겁니다. 병 옮기는 것을 막기 위해서죠.

1. 수용소에서 지내는 것은 무척 힘듭니다. 밥도 제대로 먹지 못하죠. 하지만 모험 참가비가 아주 쌉니다. 적은 비용으로 즐겁게 지낼 수 있답니다.
2. 도망치다 들키면 채찍으로 맞습니다.

전 내년에 다시 오는 게 나을 것 같아요.
내년까지 꼼짝 말고 여기 있어야 돼.

러시아에서 사용하는 심한 욕 중에 '에이, 콜레라에나 걸려라'라는 말이 있다. 학교에서 제일 덩치가 큰 싸움꾼 녀석한테 이 말을 한 번 해 보면 어떨까? 단, 뒷일을 감당할 만한 배짱이 있다면.

나는야 의사 선생님

1800년대 영국, 수술할 때 고통을 없애 주는 마취제 클로로포름을 사용해 이미 유명해진 의사 존 스노는 요즘 콜레라에 관심이 아주 많다.

1854년, 런던에 콜레라가 발생해서 수천 명이 죽었다. 그 중 소호라는 작은 지역에서만 700여 명이 죽었다. 소호는 가난한 사람들이 모여 살던 곳으로 화장실 하나를 54명이 함께 쓰고 있었다.

아휴, 그나마 화장지는 부드럽네.
이봐, 그건 내 소맷자락이야.

화장실에 들어있던 더러운 것이 새어 나와 근처에 있는 펌프장으로 흘러갔다. 사람들은 마실 물을 펌프장에서 가져갔는데 콜레라에 걸린 사람들은 모두 이 물을 먹은 적이 있었다. 그래서 존 스노는 콜레라를 일으키는 병균이 화장실에서 먹는 물로 흘러간 게 아닐까 의심한다.

1. 이 상황에서 어떻게 하겠는가?

a) 실험을 하기 위해 화장실을 떼 낸다.

b) 실험을 하기 위해 펌프장 물을 떠간다.

c) 실험을 하기 위해 펌프장을 철거한다.

2. 실험을 해 보았더니 물에서 세균이 나왔다. 그 다음엔 어떻게 할까?

a) 직접 그 물을 마셔 콜레라에 걸리는지 안 걸리는지 실험한다.

b) 물을 적군에게 먹여 콜레라에 걸리는지 지켜본다.

c) 펌프를 부숴 아무도 사용할 수 없게 만든다.

정답 **1. b)** 콜레라에 걸린 사람이 화장실을 썼고, 그 화장실의 오물이 식수로 흘러 들어갔다. 그나마 다행인 건 콜레라 환자 중에는 화장실에 가지 않고 요강을 쓰는 사람이 있어 창 밖으로 오물을 버렸기 때문에 콜레라가 조금 더 천천히 퍼져갔다. 길 가다가 갑자기 머리 위로 설사 벼락을 맞는다면 얼마나 지저분할까? 그래도 먹는 물이 세균으로 오염되는 걸 온몸으로 막아냈으니 좋은 일을 한 셈이지.

그런 말한다고
내 기분이
나아질 것 같아요?

2. c) 그렇게 하자 병이 더 이상 전염되지 않았다. 그리고 무엇보다 다행인 건 병이 다시 발생하지 않았다는 점이다. 이렇게 해서 스노는 콜레라와 더러운 물이 서로 관계가 있다는 것을 밝혀냈다.

세상 사람들이 모두 이 사건을 지켜보았고, 스노는 국제적인 스타가 되었다…고 생각하겠지? 전혀! '앗! 이렇게 재미있는 과학이!'는 '그리고 오래오래 행복하게 살았다' 하고 끝나는 동화책이 아니란 말씀! 스노에게 관심을 가져주는 사람은 아무도 없었다. 스노가 마흔 넷의 나이로 죽을 때, 그가 콜레라의 원인을 찾아 냈다는 사실도 잊혀졌다. 그렇게 사람들의 기억 속에서 사라졌다가 우리의 위대한 의사 선생님 로베르트 코흐가 콜레라에 흥미를 갖기 시작하면서 다시 세상 밖으로….

콕콕 잘도 찾아내는 코흐

1883년, 이집트의 알렉산드리아에 콜레라가 덮쳤다. 코흐는 콜레라를 조사하기 위해 이집트로 갔지만 이미 콜레라는 사라진 뒤였다. 사람을 연구할 기회는 없어졌지만 악어에게 여러 병균을 집어 넣어 콜레라에 걸리는지 차례차례 시험해 봤다. 불쌍한 악어들!

한편, 루이 파스퇴르 역시 알렉산드리아에 퍼진 콜레라를 연구하기 위해 조수 2명을 보냈다. 파스퇴르의 지시를 받은 에밀 루와 루이 튀이에르는 콜레라의 원인이 되는 병균을 찾기 위해 세균을 배양했는데 이 때 배양 접시에 한천을 깔지 않고 대신 묽은 수프를 담았다. 수프 속에 잔뜩 모여든 여러 가지 세균 중에서 콜레라 원인 병균을 찾아 내는 건 여간 어려운 일이 아니었다. 그래도 튀이에르는 끝까지 콜레라균을 찾아내려고 애쓰다 죽었다. 과학자의 길은 참으로 멀고도 험한가 보다. 코흐는 콜레라를 연구하기 위해 동아

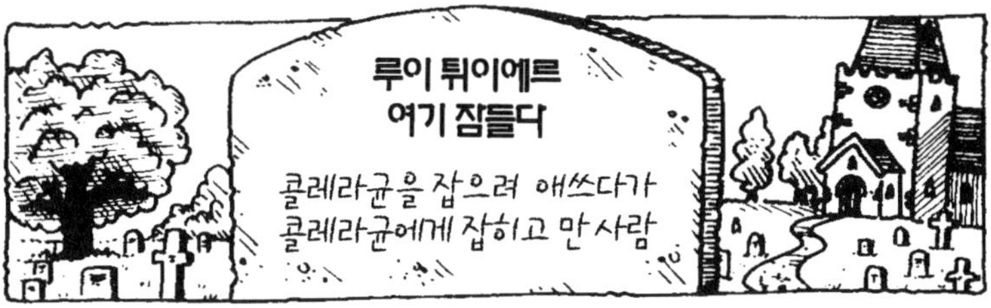
루이 튀이에르
여기 잠들다
콜레라균을 잡으려 애쓰다가
콜레라균에게 잡히고 만 사람

프리카에도 가고 머나먼 인도의 캘커타까지 갔다. 캘커타에 도착했더니 수천 명의 원주민이 콜레라로 고생하고 있었다. 코흐가 얼마나 신나 했을지 상상이 된다.

잘됐군!
잘됐어!

콜레라로 죽은 사람들의 시체를 해부하고, 사람들이 토한 것, 설사, 마을 물 등을 조사한 결과, 모든 것에 공통적으로 비브리오균이 들어 있었다. 비브리오균이 콜레라를 일으키는 세균인 것이 분명했다.

과학의 역사: 사실 콜레라균을 처음 찾아 낸 사람은 이탈리아의 과학자 필리포 파치니였다. 이미 1854년에 콜레라 환자의 내장에서 콜레라균을 찾아 냈는데 당시엔 아무도 세균이 병을 일으킨다고 생각하지 않았다. 파치니는 위대한 발견을 하고서도 인정받지 못하고 사라져 버렸다.

경고! 정말 정말 지저분한 내용이 곧 나옴

세상에서 가장 지저분한 콜레라 이야기

1. 코흐가 콜레라균을 찾아 낸 뒤에도 여전히 세균이 병을 일으킨다는 사실을 믿지 않는 사람들이 있었다. 독일의 과학자 막스 폰 페텐코퍼(1818~1901)는 병을 일으키는 것은 화학 물질이라고 믿었다. 그는 자신의 생각을 증명해 보이기 위해 콜레라 환자의 설사에서 찾아 낸 여러 가지 세균을 한데 모아 꿀꺽 삼켰다. 결과

뭐 그다지 나쁘지 않아
후추만 좀 치면
먹을만해.

는? 페텐코퍼는 설사 조금 했을 뿐이었는데, 그것도 콜레라하고는 아무 관계가 없다.' 고 주장했다.

2. 이번에 소개할 사건은 사실 이 간호사 말고도 경험해 본 사람이 있을 것 같다. 존 스노와 함께 일하던 간호사의 일이다. 하루 종일 콜레라 환자를 간호하느라 녹초가 되어 버린 어느 날 밤, 간호사는 목이 무척 말랐다고 한다. 너무 피곤한 나머지 어질어질한 상태에서 큰 찻잔을 들어 한숨에 들이켰다. 순간 자신이 마신 것이 차가 아니란 걸 알았다. 그건 설사가 가득 담긴 환자용 변기였다! 놀랍게도 그 간호사는 죽지 않았다.

선생님, 차 드실래요?

자, 잠깐 진정하고 들어 봐. 페텐코퍼와 그 간호사는 어떻게 콜레라에 걸리지 않은 걸까? 그들이 살아남은 건 위장 덕택이었다. 인간의 위장은 강한 산을 만들어 낸다. 그들이 삼킨 콜레라균을 위산이 소화해 버렸기 때문이다. 좀 더 자세히 살펴볼까?

도전 실험 1: 위산이 어떻게 콜레라균을 죽였을까?

준비물: 유리잔이나 유리병 세 개, 효모(가루로 된 걸로)
식초, 베이킹 파우더,
설탕, 차 숟가락 세 개

실험 방법:

1. 유리병 세 개에 각각 A, B, C 표를 붙인다.

2. A, B, C에 따뜻한 물을 넣고, B와 C에는 식초 세 숟가락을 섞는다. C에 베이킹 파우더를 한 숟가락 듬뿍 넣어 거품이 없어질 때까지 잘 저어준다.

A
B
C
휙!

3. A, B, C에 효모 한 숟가락과 설탕 한 숟가락을 가득히 넣는다.

4. 병 세 개 모두 따뜻한 곳에 한 시간 가량 가만히 둔다.

어떤 현상이 나타났는가?

a) 세 병 모두에 우유빛 액체가 가득 찬다. 병 가까이 귀를 대어 보니 거품 이는 소리가 난다.

b) A와 C에서는 소리가 나지만 B에서는 소리가 나지 않는다.

c) B에만 소리가 나고 A와 C는 지저분한 초록색 물로 바뀌었다.

정답 b) A와 C에서는 효모가 콜레라균처럼 증식했다. 그리고 거품 이는 소리는 효모가 발효하면서 나오는 이산화탄소가 내는 소리다. B에 들어 있는 식초의 산성 성분이 효모를 거의 죽여 버렸기 때문에 병 속의 물이 지저분한 초록색으로 바뀌었다. C의 산성 성분은 베이킹 파우더 때문에 조금 약해졌다. 만약 물을 너무 많이 마신다거나 해서 위장의 산성 성분이 약해지면 콜레라균은 위 속에서 살아남는다. 살아남은 콜레라균은 내장에 들어가 한바탕 난리를 피우게 된다. 그렇게 되면? 지저분한 상황이 벌어지는 거지.

도전 실험 2: 콜레라 퇴치약은 어떻게 만들까?

콜레라에 걸리면 어떻게든 낫고 싶은 마음이 생기겠지? 일단 치료제 후보 두 가지를 소개하겠다.

〈치료제 후보 A〉

준비물: 티백 포장된 차,
겨자 약간,
컵, 차 숟가락

MUSTARD

만드는 방법:

1. 컵에 끓는 물을 붓는다(뜨거운 것을 잡을 땐 반드시 어른께 부탁할 것).
2. 티백을 물 속에 풍덩 빠뜨린다.
3. 겨자를 딱 한 숟가락만 컵에 넣고 잘 저어 준다.
4. 그 상태로 5분간 식힌 뒤 홀짝홀짝 마신다(마시기 싫으면 냄새만 맡아도 좋다).

참고: 맛이 없어 먹기 싫으면 우유를 타서 어른께 드리며 이렇게 말해 보길.

엄마 드리려고 제가 차 준비했어요.
어머나, 고마워라.

〈치료제 후보 B〉

준비물:컵, 설탕 약간,
소금 약간

만드는 방법:

1. 뜨거운 물을 컵에 붓는다(어머니께 조금 전에 한 짓에 대해 잘못을 빈 다음 뜨거운 것을 잡아달라고 부탁해 볼 것).

죄송해서 어쩌나
음-!

2. 설탕은 한 숟가락 수북이, 소금은 1/4 숟가락을 물에 넣고 잘 저어 준다.

3. 5분간 식힌 뒤에 맛본다.

● 어떤 치료제 후보가 더 효과가 있었는가?

a) A **b)** B

c) 둘 다 효과가 있긴 했지만 반응은 조금씩 다르게 나타났다.

정답 **b)** 치료제 후보 A는 스페인에서 전해지는 민간 요법이다. 옛 민간 요법들이 대개 그렇듯 전혀 효과가 없다. 치료제 후보 B는 1960년대 방글라데시의 디카와 인도의 캘커타에서 개발된 치료제와 기본적으로 똑같다. 소금과 설탕은 콜레라 때문에 몸속에서 빠져나간 당분과 염분을 보충해 주고 뜨거운 물은 콜레라균을 죽인다. 이 치료제 덕택에 목숨을 구한 사람이 수천 명이나 된다. 잦은 설사로 온몸의 수분과 염분이 말라가다가 이 약 덕택에 몸의 기력이 회복되어, 환자의 백혈구가 콜레라균을 무찌를 수 있었다.

현재까지도 콜레라는 세계 곳곳에서 힘자랑을 하고 있다. 가끔 배를 이용해 세계 순회 공연을 하기도 한다. 배의 밸러스트 탱크(배가 바다에서 뒤집어지는 것을 막기 위해 물을 넣어두는 탱크) 속의 물을 오염시켜, 탱크 물이 여기저기 빠져나갈 때 콜레라균도 함께 따라나간다. 콜레라는 치료할 수 있는 병이긴 하지만 여전히 주의를 기울여야 할 무서운 병임을 잊지 말아야 한다.

이건 몰랐지롱!

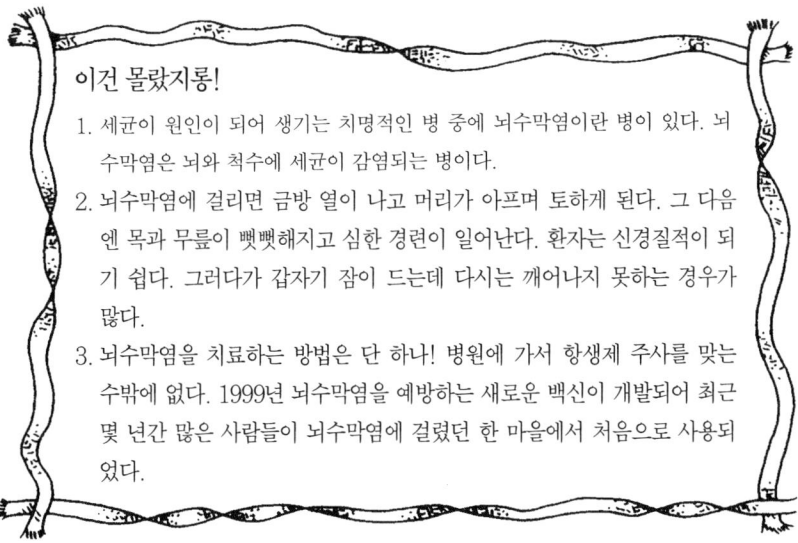

1. 세균이 원인이 되어 생기는 치명적인 병 중에 뇌수막염이란 병이 있다. 뇌수막염은 뇌와 척수에 세균이 감염되는 병이다.
2. 뇌수막염에 걸리면 금방 열이 나고 머리가 아프며 토하게 된다. 그 다음엔 목과 무릎이 뻣뻣해지고 심한 경련이 일어난다. 환자는 신경질적이 되기 쉽다. 그러다가 갑자기 잠이 드는데 다시는 깨어나지 못하는 경우가 많다.
3. 뇌수막염을 치료하는 방법은 단 하나! 병원에 가서 항생제 주사를 맞는 수밖에 없다. 1999년 뇌수막염을 예방하는 새로운 백신이 개발되어 최근 몇 년간 많은 사람들이 뇌수막염에 걸렸던 한 마을에서 처음으로 사용되었다.

콜레라에 대해 듣고 기가 질릴 정도로 마음이 약한 사람들은 다음 장에서 질병을 일으키는 세균을 단체로 만나게 될 테니 마음을 단단히 먹길 바란다. 사람의 목숨을 앗아가기도 하는 무서운 병균들이니 속을 뒤집어 놓는 것쯤은 아무것도 아닐걸.

그럼 완전무장하고 출발!

에 취!

바이바이 하고 싶은 바이러스

이 책을 누가 사 줬지? 할머니? 여태껏 할머니께서 사 주신 선물엔 늘 좋은 것만 들어 있었겠지? 그런데 이번엔 달라. 이제부터 이 책 속에서 못된 바이러스 녀석들을 잔뜩 만나게 될 테니까. 바이러스는 세균보다 훨씬 작다. 이 조그만 것들이 도대체 어떻게 우릴 평생 쫓아다니며 괴롭히는 걸까? 자세히 보고 싶다고? 그럼 좀 더 가까이, 좀 더, 훨씬 더 가까이.

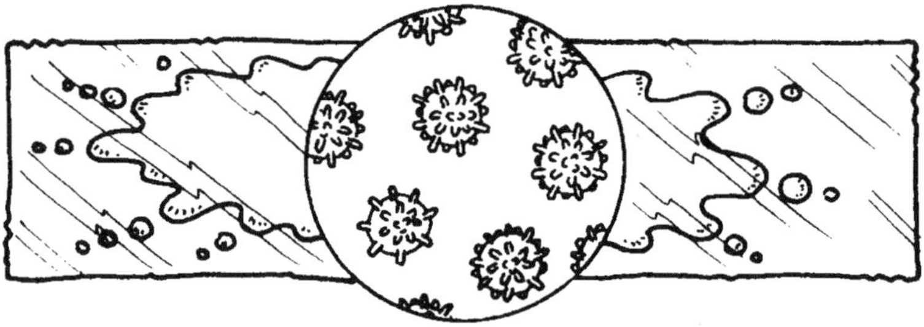

바이러스는 근본적으로 DNA라고 부르는 화학 물질이다(선생님의 사랑을 독차지하는 모범생이 되고 싶다면 DNA의 진짜 이름이 '디옥시리보핵산' 이란 정도는 알아둬야겠지?). DNA는 단백질에 둘러싸여 있는데 디옥시리보핵산이란 긴 이름답게 DNA 구조가 여간 복잡한 게 아니다.

모든 생물의 세포에는 DNA가 있다. DNA에는 우리 몸에 관한 화학적 기록이 수만 가지나 빼곡이 보관되어 있어 세포의 화학적 반응을 지휘하며 세포가 성장하고 활동하는 데 영향을 미친다. 앞에서 배웠던 걸 다시 기억해 볼까? '바이러스는 우리 몸 속의 세포 속에 몰래 들어와 그 세포를 이용해서 바이러스를 증식시킨다.' 는 것 알고 있지?(잊어버린 사람은 27~29쪽을 다시 읽어 보도록!) 그럼 보고서를 읽으며 좀 더 자세히 알아볼까?

치명적인 질병에 대한 보고서

이름: 바이러스

바이러스에 관한 진실:

몰래 몰래

1. 상처난 곳이나 입, 코를 통해 몸 속으로 몰래 들어온다.

바이러스
착륙!
세포

2. 세포 위로 내려앉은 다음, 세포의 바깥 단백질막을 이용해 세포에 찰싹 달라붙는다.

들어가!

3. 세포벽 속으로 바이러스의 DNA를 찔러 넣은 뒤 세포 속으로 들어가는 일반 물질에 묻어 슬그머니 침입한다.

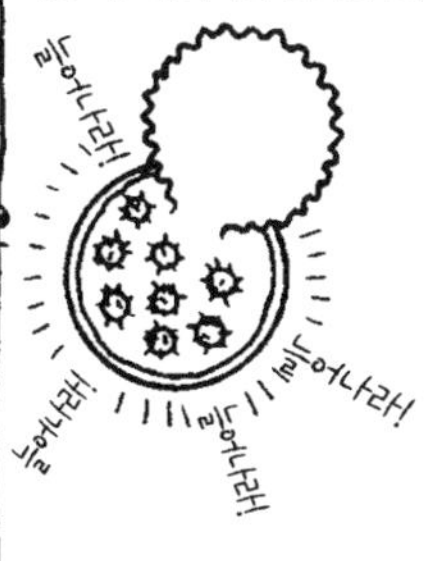
늘어나라!
늘어나라!
늘어나라!
늘어나라!

4. 세포의 DNA가 저장되어 있는 세포핵으로 마구 달려간 다음, 세포 DNA의 화학 구조를 바꿔 바이러스가 더 많은 수로 늘어나도록 만든다.
(이런 과정은 단 30분 만에 모두 완료된다)

좀 더 자세히:

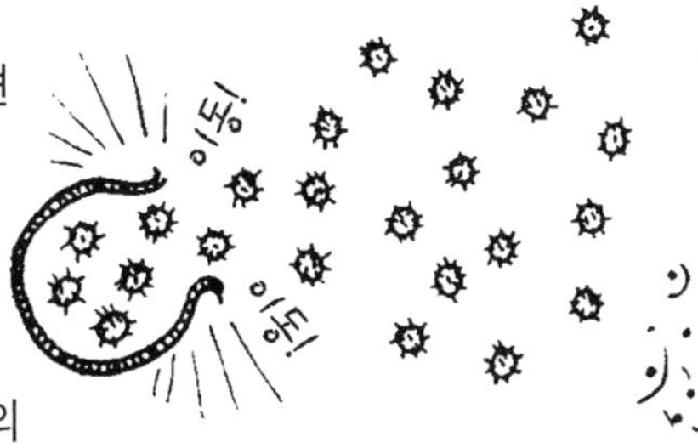
이동!
이동!

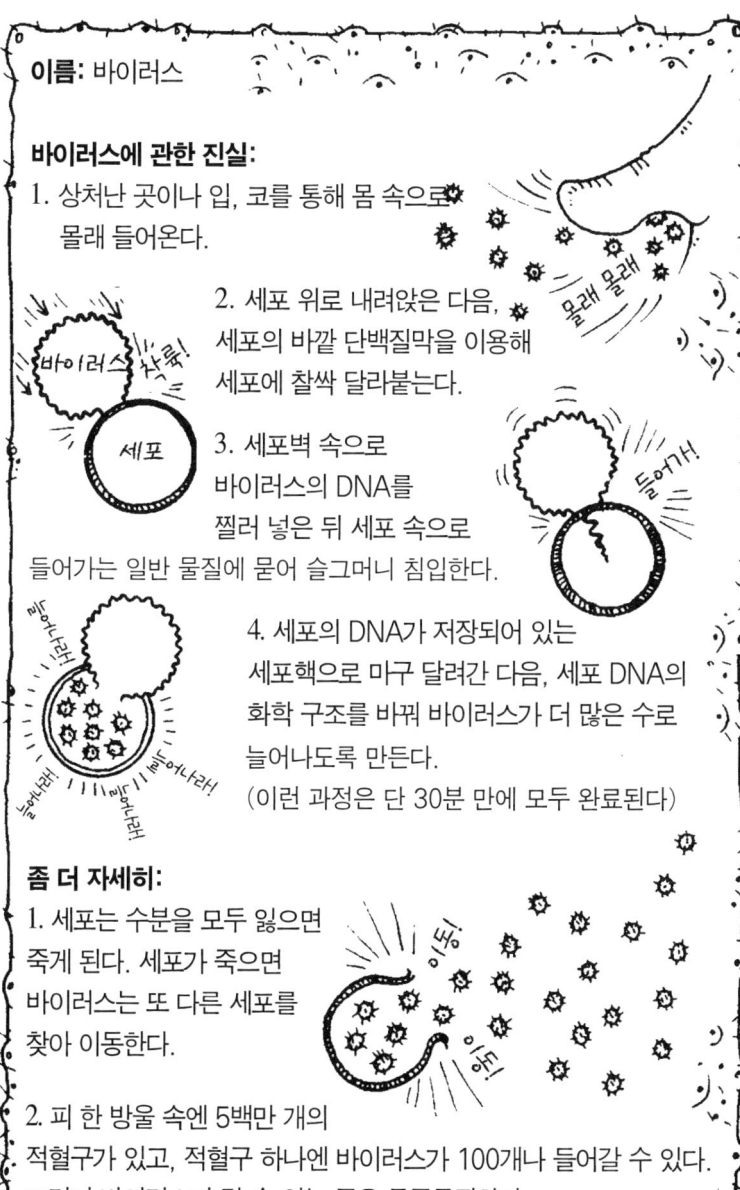

1. 세포는 수분을 모두 잃으면 죽게 된다. 세포가 죽으면 바이러스는 또 다른 세포를 찾아 이동한다.

2. 피 한 방울 속엔 5백만 개의 적혈구가 있고, 적혈구 하나엔 바이러스가 100개나 들어갈 수 있다. 그러니 바이러스가 갈 수 있는 곳은 무궁무진하다.

바이바이하고 싶은 바이러스에 관한 진실

1. 우리 몸이 건강을 위협하는 적에 대항하는 몇 가지 방법중 하나는 바이러스에 감염된 세포를 없애는 것이다. 불행히도 이 방법은 가끔 일을 더 나쁘게 만들기도 한다. B형간염 바이러스는 간 세포 속에 숨는다. 그런데 우리 몸의 면역계는 간염 바이러스 뿐 아니라 생명을 유지하는 데 꼭 필요한 간 세포를 죽인다. 그러다 보면 우리 몸 스스로가 죽음의 길로 자신을 끌고 가는 결과를 낳기도 한다. 정말 죽도록 운이 나쁜 경우라고 할 수 있지.

2. 바이러스 중에는 박테리오파지라는 살균 바이러스가 있는데 이 녀석들은 세균을 공격한다. 불쌍한 세균을 위해 눈물 흘려 줄 사람 어디 없수?

3. 인간의 세포 안에서 DNA를 증식하는 바이러스도 가끔 실수할 때가 있다. 바로 바이러스의 돌연변이가 일어나는 경우다. 이런 돌연변이가 바이러스에게 해를 끼치기도 하지만, 한편으론 돌연변이 덕택에 좀 더 쉽게 인간을 아프게 만들 수도 있다. 예를 들면, 바이러스의 바깥 막에 돌연변이 화학 변화가 일어나 우리 몸의 방어 부대가 바이러스를 알아채지 못할 때가 있다. 즉, 돌연변이 덕택에 바이러스가 변장을 하게 되는 셈이지. 과학자들도 이런 돌연변이 바이러스가 일으키는 병을 막을 수 있는 백신을 만드느라 애를 먹고 있다. 그런 병의 대표적인 예가 바로 독감!

독한 독감

독감에 걸려본 적 있는 사람? 아차, 이런 바보 같은 질문을 하다니. 독감은 인플루엔자, 유행성감기라고도 부른다. 서양에선 별의 영향을 받아 독감을 앓게 된다고 믿었다. 그러니까 독감에 걸리지 않으려면 행운의 별자리를 타고나야겠지?

이건 몰랐지롱!

1. 독감을 일으키는 바이러스는 세 가지가 있다. 간단히 A형, B형, C형이라고 부른다.
2. A형이 가장 지독한데 이 녀석들은 돌연변이로 DNA 구조를 수시로 바꾸기 때문이다. 즉 독감 바이러스가 교묘하게 변장한 채 과학자들 눈에 걸리지 않게 요리조리 피해 다니며 많은 사람들에게 독감을 전염시킨다는 뜻! 그리고 또 하나, 우린 해마다 새로운 독감을 여러 차례 만나게 된다는 뜻이기도 하다. 만나서 정말 반갑군 반가워, 흥!

독감도 감기처럼 기침이나 침을 통해 전염된다. 오잉? 벌써 알고 있는 사실이라구? 글쎄… 그럼 말만 해도 감기나 독감이 전염된다는 건 알고 있는지?

도전 실험: 어떻게 말만 해도 독감이 전염될까?

준비물: 입(맞아! 자기 얼굴에 붙어 있는 입)

충분한 양의 침(미리 물을 한 컵 마셔 두면 좋겠지?), 거울

실험 방법:

1. 코를 잡고 거울 앞에 선다.

2. '침!' 이라고 크게 외친다.

3. '닦아!' 라고 말한다.

침!
닦아!

●어떤 말을 했을 때 거울에 침이 더 많이 묻었나?

a) 침

b) 닭아

c) 양쪽 다 없다. 난 말할 때 침 튀지 않으니까.

우리 강아지는 '특'히나 '침'을 엄'청' '튀'기지.

정 답 a) ㅊ, ㅋ, ㅌ과 같은 소리를 낼 때 혀는 침을 많이 내뱉도록 움직인다. 그리고 물론 침 속엔 수백만 마리의 독감 바이러스가 숨어 있을 수 있다. 학교에서 침을 가장 많이 튀기며 말씀하시는 선생님과 이렇게 흥미진진한 의학 상식에 대해 토론해 보면 어떨까? 체험 학습을 할 수 있을걸.

선생님, 질문이요

기분이 찜찜하다구? 이렇게 해 보는 건 어떨까? 선생님께서 독감에 걸리시는 날을 기다리는 거야. 아픈 몸을 이끌고 학교에 오시는 날을(대개 선생님들께선 아무리 아프셔도 수업을 하지 않고 학생을 집으로 돌려보내는 일은 있을 수 없다고 생각하시지). 선생님이 쉬고 계시는 교무실로 가서 문을 쾅쾅 두들겨. 나오실 때까지. 콧물을 훌쩍이며 나오시면 예쁘게 미소지으며 이렇게 여쭤 보는 거야.

선생님, 질문이요. 독감 걸리면 죽나요?
뭐?
교무

정 답 그렇다고 볼 수 있다. 연세가 많은 어른들을 비롯해서 많은 사람들이 독감에 걸린다. 독감에 걸린 사람은 천 명에 한 명 꼴의 비율로 죽긴 하지만 워낙 독감에 걸리는 사람이 많기 때문에 독감 사망자 수는 꽤 많은 편이다. 현재 미국에선 감염성 질병 중에 독감이 가장 많은 사망자를 내고 있다. 그런데 1918년엔 지금보다 훨씬 더 상황이 나빴다.

세계 신문

1918년 12월 31일

치명적인 독감 출현!

200,000
500,000
20,000,000

올해 전세계를 돌아다니며 생명을 위협하고 있는 독감 때문에 지구촌 식구 모두가 공포에 떨고 있다. 미국에서는 50만 명이, 영국에서는 20만 명이 독감으로 사망했다고 전해지고 있으며, 인도에선 2천만 명이 사망했을 것으로 보고 있다. 페스트가 발생했을 때보다 더 심각한 상황으로 치닫고 있다.

곳곳에 쌓인 시체들

독감에 걸리면 48시간 이내 사망!

인도에서 전해오는 소식에 따르면, 기차 안에는 죽은 승객들이 가득하고, 거리거리마다 시체가 쌓여 있다고 한다. 미국의 많은 도시에선 독감 전염을 막기 위해 사람들이 서로 만나는 것을 금지하고 있다. 영화관도 더 이상 영화를 상영하지 않고 교회도 문을 닫았다(장례 예배할 때만 문을 열도록 허락했다). 시신을 묻을 공간이 부족해서 시신을 세운 채 매장하고 있는 형편이다.

보건 당국에서 알립니다.

- 독감에 걸리셨습니까?
- 열이 나고, 머리가 아프고, 기침이 납니까? 피부가 검푸르게 변하고, 기침할 때 피를 토하나요?

그렇다면 독감에 걸린 겁니다. 안됐군요.

열
검푸른 피부
피를 토하는 기침

- 제발! 제발 외출하지 마십시오!
- 그리고 특히! 우리 주변으로는 절대 오지 마세요.
- 장의사에게 전화하십시오.
당장 예약해 두는 게 좋습니다.

의사들이 추천하는 갖가지 치료법

우리는 의사 스무 명에게 독감을 치료할 수 있는 방법을 알려 달라고 물어 보았습니다. 그래서 다음과 같은 21가지 방법을 추천 받았습니다. 커피를 마셔라, 진통제를 복용하라, 술을 마셔라, 비소 같은 독을 조금 먹어 보라, 감자를 먹어라, 나무를 태워 나오는 연기를 들이마셔라, 이를 뽑고 편도선을 잘라내라(그러면 목이 붓는 일을 막을 수 있으니까) 등등의 방법이 추천되었다.

반드시 알아두어야 할 건강 상식

위에서 추천한 민간 요법을 다 해 봤지만 '모두' 효과가 없었다. 그러니 동생이 독감에 걸렸다고 해서 이를 뽑거나 하는 행동은 절대로 하면 안 된다. 이 말을 안 들었다간 독감에 걸리는 것보다 더 아픈 엄마의 벌을 받을지도 모른다.

이건 몰랐지롱!

1. 독감은 말 그대로 너무 독해서 한 번 걸리게 되면 몸이 무척 허약해진다. 몸 상태가 좋지 않을 때 세균은 쉽게 폐로 침투해서 폐렴을 일으킨다. 폐렴에 걸리면 열이 나고 폐에 고름이 차서 숨쉬기도 힘들어지며 끝내는 사망할 수도 있다. 하지만 지금은 항생제로 치료할 수 있다.
2. 1950년대 미국의 과학자 조헨 헐틴은 1918년의 독감 바이러스를 찾아 내기로 작정했다. 알래스카의 한 마을로 가서 독감으로 죽은 사람의 시체가 묻힌 꽁꽁 얼어붙은 땅을 파헤쳤다. 땅속에서 여러 구의 시체를 찾아 낸 다음 그들의 폐를 꺼냈고, 폐에서 발견한 바이러스를 흰족제비에게 주사했다.

그 무서운 바이러스가 돌아다니던 1918년쯤에 살지 않은 게 정말 다행이었어, 그치?

불행히도 녀석들은 죽어버렸다(흰족제비가 아니라 1918년의 독감 바이러스가 - 흰족제비 가슴이 철렁했겠지?).

3. 헐틴은 은퇴한 후에 다시 알래스카로 돌아가서 시체를 몇 구 더 찾아 냈다. 이번에는 바이러스의 DNA를 연구하던 제프리 타우벤버거라는 미국 과학자가 이끄는 팀이 함께 와서 연구했다. 연구 결과 바이러스는 돼지에게서 처음 발생했다가 사람에게 옮겨졌다는 것이 밝혀졌다(바이러스도 욕심 많은 돼지처럼 이것저것 먹어치우러 돌아다녔나 보다).

선생님, 질문이요

독감 바이러스, 생각만 해도 무시무시하지? 그런데 독감에 걸렸던 선생님이 독감은 나으셨는데 다시 감기에 걸려 버리셨네. 정말 안되셨어. 오늘도 또 다시 아픈 몸을 이끌고 학교에 나오셨지. 교무실 문을 용감하게 두드려. 흠뻑 젖은 손수건을 손에 들고 선생님이 나오시면, 예쁘게 미소지으며 여쭤 봐.

선생님, 질문이요. 말한테 감기 옮으셨죠?
또 너야?
교무

정답 이론적으로는 말한테 감기가 옮을 수도 있다. 정말! 과학자들이 알아 낸 바로는 감기 바이러스 중에는 말이 걸리는 병의 바이러스와 아주 비슷한 것이 있다고 한다. 인간은 수천 년 전에 자신들이 키우던 애마한테서 병이 옮은 것으로 보인다. 그래서 선생님이 가끔 말이 우는 것처럼 기침을 하는 게 아닐까?

소(小) 발견? 대(大) 발견!(작은 것을 찾아 낸 큰 업적)

눈에도 보이지 않을 만큼 작은 바이러스를 과학자들은 도대체 어떻게 찾아 내는지 궁금하지 않아? 1930년 전자 현미경이 만들어지기 전까지는 바이러스를 눈으로 볼 수 없었다. 과학의 역사에 빛나는 이 기구는 전자라는 작은 에너지 광선을 쏘아 바이러스와 같은 작은 물체를 눈으로 볼 수 있게 해 준다. 전자 현미경이 없던 시절에도, 루이 파스퇴르 같은 과학자는 바이러스성 질병을 일으키는 무언가가 있다고 확신했다. 아주 미세한 여과지 사이로도 빠져나간다는 게 있음을 발견하고, 그 무언가가 무척 작은 것이라는 사실을 이미 짐작하고 있었다.

파스퇴르는 광견병 바이러스를 물리칠 백신을 만들어 내기 위해 애썼다. 광견병 바이러스와 파스퇴르 사이의 전쟁은 소설에서

나 나올 법한 흥미진진한 이야기다. 전쟁이 어떻게 끝났는지 함께 들여다보자.

치명적인 질병에 대한 보고서

이름: 광견병 바이러스

광견병 바이러스에 관한 진실: 광견병 바이러스는 개나 여우, 박쥐, 다람쥐… 그리고 인간과 같은 동물을 공격한다. 이 바이러스에 감염된 동물은 미쳐 날뛰게 된다. 개는 캥캥 소리치고, 박쥐는 파바박 날개짓하고, 다람쥐는 찍찍 빙글빙글 돌아다니겠지?

으르렁 캥캥!
으르렁 파바박!
으르렁 찍찍!

좀 더 자세히:

1. 광견병 바이러스는 뇌에 침투해서 물을 삼키라는 신호를 내보내는 신경 세포를 차단해 버린다. 그렇게 되면 물을 삼키는 일이 너무나 고통스러워진다. 입에선 줄곧 바이러스가 가득 들어 있는 침이 줄줄 흐른다.
2. 물을 무서워하는 증상(물을 삼키는 것이 고통스럽기 때문에 물 자체를 무서워하게 되는 것)이 나타나고 높은 열에 시달린다.

3. 그나마 다행스러운 것은 광견병 바이러스는 진행 속도가 느리기 때문에 바이러스가 뇌에 도착하기 전에 백신과 항독소 주사를 맞으면 나을 수 있다는 점이다.

이건 몰랐지롱!

1. 아프리카의 세네갈에선 개에게 물리면 그 개의 머리를 잘라 병원으로 갖고 가서 광견병에 걸렸는지 검사한다. 만약 미치지 않았다고 한다면? 병에 안 걸려서 기분 좋다고만 할 순 없겠지?
2. 백신이 개발되기 전에는 광견병에 걸린 동물에게 물린 사람은 상처를 뜨겁게 달군 다리미로 지져 세균을 죽였다. 로마에선 물린 팔다리를 잘라 내거나, 물린 사람을 연못 속에 집어 넣고 억지로 물을 마시게 했다. 하지만 이 모든 방법은 다 효과가 없었다.
   천만다행으로 1884년 광견병의 역사가 새로 쓰여지게 되었다.

죽느냐 사느냐의 갈림길에서

1937년 파리.

늦은 오후, 젊은 여인이 루이 파스퇴르 연구소 정문 앞에 서 있었다. 마당을 쓸고 있는 노인 말고는 아무도 눈에 띄지 않았다.

"안녕하세요, 마드무아젤."

노인이 공손하게 말했다.

"무슨 일로 오셨나요?"

"아니, 저…"

여인이 말했다.

"그냥 온 거예요."

"그러세요?"

노인은 자랑스럽게 말을 이었다.

"아가씨처럼 이 곳을 찾아오는 분이 많답니다. 하지만 오늘은 조용하군요."

납작한 모자를 눌러 쓴 노인은 마른 체격이었고 턱엔 회색빛 수염 자국이 보였다.

그 때 천둥소리가 나며 갑자기 비가 쏟아졌다.

"어머, 어쩌지?"

젊은 여인은 하늘을 쳐다보며 걱정스럽게 말했다.

노인은 고개를 가로저었다.

"안 되겠군, 이 비속에선 일하기 어렵겠어. 마드무아젤, 차 한잔 드시겠어요?"

"네, 고맙습니다."

젊은 여인은 살짝 웃었다.

노인이 안내한 방엔 물건이 가득 쌓여 있었다. 방의 한 쪽은 관리인이 사용하는 공간이었고, 나머지 반은 연구소에 필요한 잡동사니를 모아 두는 곳으로 쓰이고 있었다.

"아가씨도 위대한 루이 파스퇴르가 어떤 사람인지 궁금해서 오신 거겠죠?"

"네. 전 교육학을 전공하고 있는데 다음 학기에 파스퇴르에 관한 논문을 써 보려구요."

노인은 미소를 지었다. 즐거워하고 있다는 걸 그의 눈빛에서 읽을 수 있었다.

"그래요? 좋은 생각이네요. 전 파스퇴르 씨가 어떤 분인지 잘 알고 있어요."

"정말이요? 정말 루이 파스퇴르를 아신다구요?"

여인이 놀라 소리쳤다.

"네. 파스퇴르 씨에 관한 이야기를 하나 해 드릴까요?"

노인은 손을 부지런히 놀리며 커피를 준비하는 한편 이야기를 시작했다.

"1884년 파스퇴르 씨가 광견병에 대해 연구하던 때였죠. 어떤 병인지 잘 아시죠?"

여인은 가볍게 몸을 떨며 고개를 끄덕였다.

"파스퇴르 씨는 토끼의 몸에서 얻어낸 백신을 실험하고 있었죠. 광견병으로 죽은 토끼의 척추를 말렸는데 그 속에 바이러스가 가득했답니다. 바이러스를 약하게 만든 다음에 개에게 주사해 봤죠. 그랬더니 세상에! 그 개들이 광견병에 걸리지 않게 됐다 이겁니다."

"어느 날 한 젊은 부인이 파스퇴르 연구실의 문을 두드렸어요. 아들을 데려왔는데 아이 이름이 조제프 메스테르였어요. 이틀 전에 미친 개가 아이를 마구 물어 뜯었다더군요."

"미친 개가요? 너무 끔찍하군요. 아이 상태가 나빴나요?"

노인은 바로 대답하지 않고 잠깐 입을 다물고 있었다. 그러면서 조심스레 커피 잔에 커피를 따랐다.

"아이는 손, 다리, 어디 할 것 없이 다 물렸더군요. 살아날 가망이 없어 보였죠. 파스퇴르는 아이에게 백신을 시험해야겠다고 생각했어요. 안 그러면 아이는 죽을 테니까요."

"마치 어제 일인 것처럼 그 날의 일이 생생하게 기억납니다. 그땐 밤이었고 연구실 창에 있는 블라인드가 내려져 있었어요. 화학 약품 냄새가 났구요. 파스퇴르 씨는 벨벳 천으로 된 모자를 쓰고 있었죠. 의사를 시켜 아이에게 백신 주사를 놓으라고 말했어요. 주사라니! 배에다 구멍을 뚫는 것보다 더 끔찍한 일로 생각됐죠. 물론 아이는 겁에 질려 있었어요. 아주 많이 무서워했어요. 하지만 용감하게 참았어요. 울지도 않았죠."

노인은 커피를 저었다.

"주사를 놓고 난 다음엔 다들 손놓고 기다리는 수밖에 없었어요. 기다리고 또 기다렸죠. 주사가 효과가 있을지 없을지…. 아이가 살지 죽을지 지켜보았어요."

노인은 한동안 말을 잇지 않았다. 사방이 조용했다. 가끔 천둥소리가 끼어들 뿐.

"아이는 죽었나요?"

여인이 참지 못하고 물었다.

"아뇨, 죽지 않았어요. 살았어요. 그것도 건강하게. 아가씨, 더 이상 숨기질 못하겠네요. 그 아이가 바로 저랍니다. 제가 조제프 메스테르예요!"

노인의 목소리가 떨렸다.

"루이 파스퇴르 씨가 제 목숨을 살렸어요. 그날 밤, 전 마음 속으로 다짐했죠. 어떤 식으로든 파스퇴르 씨를 위해 일하겠다구요. 전 평생 이 곳에서 일했답니다. 어린 시절의 다짐을 지킨 거예요."

노인의 목소리는 힘찼고 자신감이 가득 묻어 있었다.

옛날의 그 꼬마 조제프 메스테르는 주름진 얼굴로 웃으며 천천히 커피를 마셨다.

바이바이하고 싶은 바이러스 두 가지 더

바이러스는 모양과 크기가 제각각이다(아주 작다는 공통점만 빼고). 살다보면 걸리게 될 수도 있는 병 두 가지를 더 소개하겠다. 늘 그렇듯이 엉뚱괴기 박사가 질문에 답해 주는 건강 일보를 읽으며 알아보자.

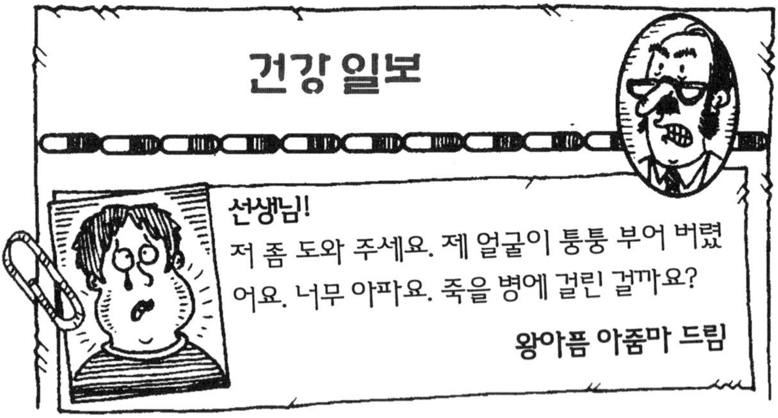

건강 일보
선생님!
저 좀 도와 주세요. 제 얼굴이 퉁퉁 부어 버렸어요. 너무 아파요. 죽을 병에 걸린 걸까요?
왕아픔 아줌마 드림

왕아픔 아줌마께

아주머니께선 바이러스성 질병인 유행성이하선염을 앓고 있습니다. 얼굴 양쪽에 있는 침샘이 바이러스에 감염되었어요. 앞으로 좋아질 테니까 걱정 말고 편히 누워 계십시오. 진통제를 먹거나 따뜻한 곳에서 쉬어야 합니다. 다 나을 때까지 그냥 견디셔야지 별 수 없네요.

퉁퉁 부어버린 침샘

엉뚱괴기 박사가.

선생님!

답장 너무 고마웠습니다. 한 2주 푹 쉬었더니 이제 좋아졌어요. 식욕도 돌아와서 돼지처럼 먹고 있답니다!

왕아픔 아줌마 드림

왕아픔 아줌마께

돼지처럼 드신다구요? 돼지가 먹는 것처럼 엎드려 드시면 소화불량에 걸려요. 사람이 사람답게 자리에 앉아서 숟가락 젓가락 포크 이런 걸 사용해서 먹어야죠.

엉뚱괴기 박사가.

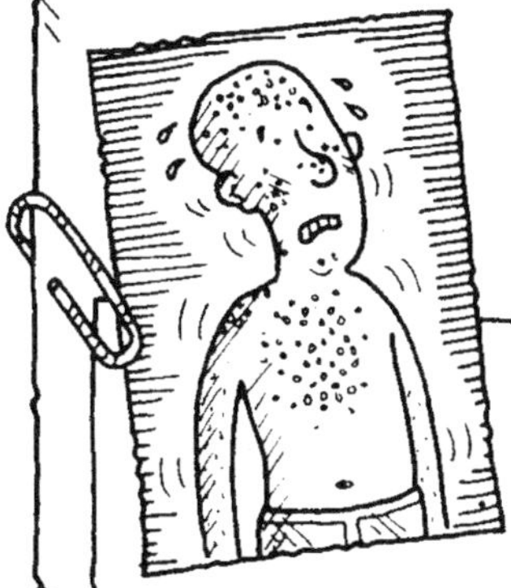

선생님

기분도 좋지 않고, 아프고, 열이 납니다. 등이랑 가슴, 이마에는 반점이 생겼는데 고름이 차 있고 가려워요.

종기 왕창 드림

추신: 편지에 고름이 튀어 죄송합니다.

종기왕창 군에게

수두에 걸렸군요. 흔한 병이죠.
나같이 경험 많은 의사는 슬쩍 보기만 해도 알 수 있는 병입니다. 가장 좋은 치료법은 푹 쉬는 겁니다. 반점에 딱지가 앉았다가 저절로 떨어질 때까지 기다리세요. 딱지를 나한테 보낸다거나 하는 번거로운 일은 하지 마세요. 벌써 수집해 뒀으니까. 딱지를 떼면 안 됩니다. 딱지를 억지로 떼면 흉터가 생겨요. 어쨌거나 앞으로 다신 수두에 걸리지 않을 거예요. 종기왕창군의 몸은 수두 바이러스에 대해 면역이 생기게 될 거니까요. 그럼 이만.

떼지 마세요!

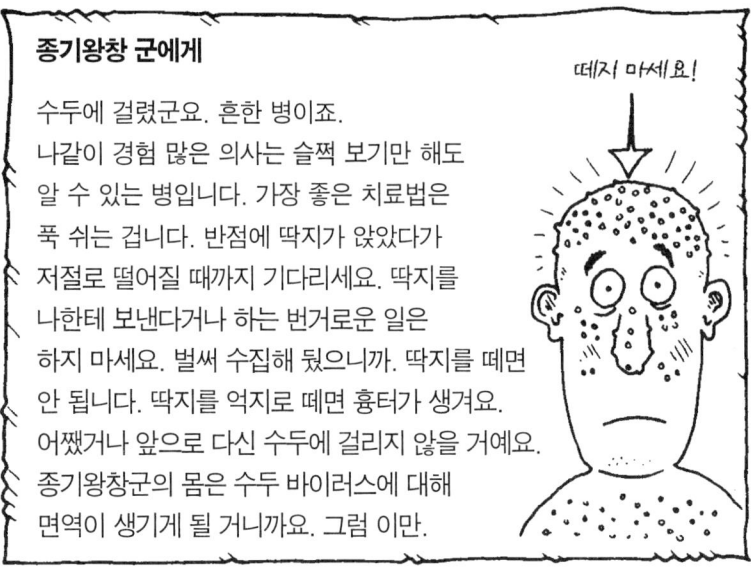

경고의 시간이 다시 돌아왔다. 다음 장에 나타날 바이러스 역시 정말 악질적이고 지저분해서 수두 바이러스 이야기나 계속 했으면 싶을 텐데…. 용감하게 책장을 넘기겠는가? 아니면 이러지도 저러지도 못하고 땀만 뻘뻘 흘리고 있겠는가?

뻘뻘!
훌쩍훌쩍!

황열

앞에서 본 페스트는 흑사병이라고 부른다. 검을 흑, 즉 검은색 병이라는 뜻이다. 황열은 노란색 병이라고 할 수 있다. 영어로는 '노란 숨결', '노란 열병' 등등으로 부르는데, 그 중에는(식사 시간이 아니었음 좋겠는데…) '시커먼 구역질'이라는 지저분한 이름까지 있다.

이건 몰랐지롱!

1740년, 자메이카의 의사인 존 윌리엄스가 황열은 분명히 흑수열과는 다른 것이라고 주장했다.흑수열은(놀라지 마시라!) 소변 색깔이 갈색이나 붉은 색으로 변하는 병이다. 이름처럼 소변이 검게 변하는 경우는 드물다. 그런데 존 윌리엄스의 말에 반대하고 나선 사람이 있었다. 파커 베넷이라는 의사였는데, 자신의 생각이 옳다고 생각한 나머지 윌리엄스에게 결투를 신청했다. 누가 이겼을까? 둘 다 결투 중에 죽고 말았다.

내 말이 맞아!
말도 안되는 소리!

과학적 설명 추가

윌리엄스와 베넷은 서로 자신의 생각이 옳다며 목숨을 걸고 싸웠는데 과연 누가 옳았을까? 승자는… 윌리엄스! 흑수열은 말라리아 같은 다른 병 때문에 얻게 되는 증상이며 신장(콩팥)에 해를 끼치는 병이다(160쪽 참고). 그리고 소변의 색깔이 달라지는 것은 소변에 피가 섞였기 때문이다. 황열은 흑수열보다 훨씬 심각한 병이다. 한 번 걸려보고 싶다구? 그렇게 해서라도 학교를 빠져 봤으면 좋겠다는 뜻? 글쎄, 후회하지 않을는지 모르겠네.

결석계 3: 황열

선생님께

이 일을 어쩌죠?

우리 -----(이)의 몸이 노래졌어요.

처음엔 얼굴이 빨개지더니 열이 나고 아프다고 하더군요.

이젠 시커먼 토까지 하고 있어요.

귀랑 코에서 피도 납니다.

의사 선생님이 황열이래요. 너무 아프고 힘들어서 죽겠어요, 아니 죽을 지경이랍니다. 정말 무서워요.

그러니까 부디 우리 -------(이)가 숙제 못 해서 가더라도 용서해 주세요.

정말 걱정하고 있는

진짜 ------(이)의 엄마 드림

피
토

결석계 보충 설명

1. 구역질할 때 시커멓게 나오는 것은 피가 응고된 것이다.

2. 이 병은 열대숲모기가 전염시킨다. 황열을 뿌리고 다니는 악당을 잡아다가 자백을 받아냈으니 들어보길….

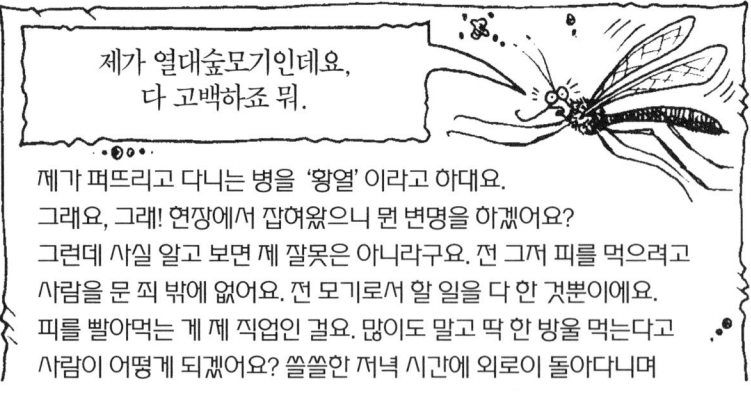

제가 열대숲모기인데요,
다 고백하죠 뭐.

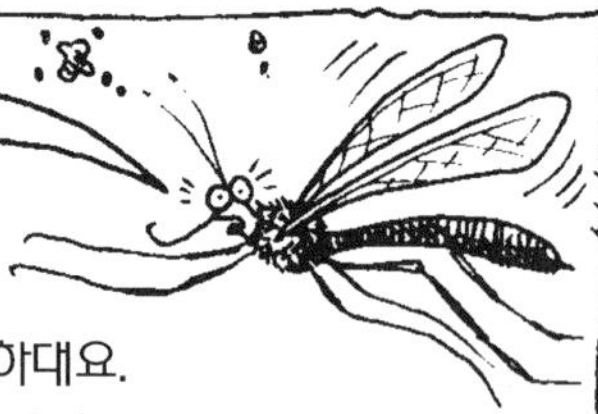

제가 퍼뜨리고 다니는 병을 '황열'이라고 하대요.

그래요, 그래! 현장에서 잡혀왔으니 뭔 변명을 하겠어요?

그런데 사실 알고 보면 제 잘못은 아니라구요. 전 그저 피를 먹으려고 사람을 문 죄 밖에 없어요. 전 모기로서 할 일을 다 한 것뿐이에요.

피를 빨아먹는 게 제 직업인 걸요. 많이도 말고 딱 한 방울 먹는다고 사람이 어떻게 되겠어요? 쓸쓸한 저녁 시간에 외로이 돌아다니며

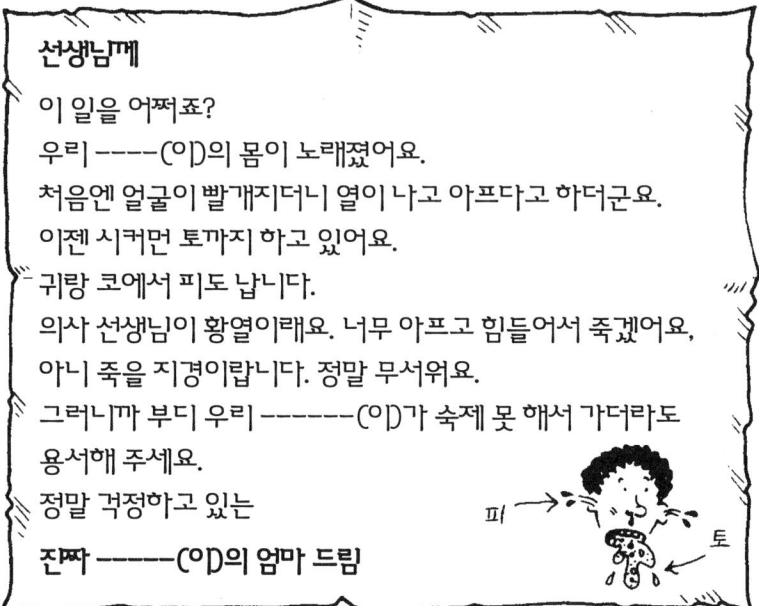

어디 자진해서 피 좀 나눠주겠다는 사람 없는지 알아보러 다니죠.
가끔 바이러스가 핏속으로 들어가 황열을 일으키나본데
그것도 제 탓은 아니에요. 걔네 바이러스 탓이지 제가 상관할 일이
아니잖아요? 바이러스가 제 핏속에 있는지 없는지 알 수도 없구요.
만약 바이러스가 있는 걸 알았다 쳐요. 그래도 어쩝니까?
배가 고프면 저도 먹어야할 것 아닙니까?
물론 사람들이 병들게 되는 건 가슴 아픈 일이지만요.
절 손가락으로 눌러서 터뜨리거나
할 생각은 아니죠? 그렇죠? 안 그럴 거죠?

열대숲모기의 자백은 들어 봤고, 만약 황열 바이러스를 붙잡아서 인간에게 피해를 입힌 범죄 사실을 추궁한다면 다음과 같은 고소장을 쓰게 되지 않을까?

황열 바이러스 고소장

1. 피고 황열 바이러스는 17세기 또는 그 무렵, 아프리카에서 살던 중 모기 몸 속으로 들어가 배를 타고 대서양을 건너 아메리카 대륙으로 갔다. 배에서 선원들을 황열에 감염시켜 대부분이 육지를 보지도 못하고 죽게 만든 범죄 사실이 있다.

육지다!

2. 남아메리카로 가서 피고 황열 바이러스에 대해 전혀 면역이 없던 죄 없는 원숭이들을 감염시켜 수만 마리나 떼죽음을 시켰다.

3. 그 후로도 아메리카 대륙과 카리브해 연안 지역, 유럽 일부까지 전염병을 퍼뜨렸다. 구체적인 예로, 1802년 아이티에 주둔한 프랑스 군인 2만 3천 명을 죽였고, 1821년 스페인의 바르셀로나에선 피고 때문에 여섯 명에 한 명꼴로 죽었다.

4. 피고는 1840년대 미국의 멤피스에서도 횡포를 부린 일이 포착됐다. 걷잡을 수 없이 열병이 퍼져 결국 한 도시 전체를 불태우는 사태까지 빚고 말았다.

어리석은 의사 선생님들

1. 앞에서 여러 번 본 것처럼, 옛날 의사 선생님들은 황열의 원인을 제대로 알아내지 못해 갈팡질팡했다. 1760년대 필라델피아에선 해마다 황열이 돌았다. 벤저민 러시라는 의사는 부두에 있는 커피 원두가 썩으면서 병이 나돈다고 믿었다. 어림 반푼어치도 없는 얘기였지.

당신네들 이론은 구려!
댁도 구리긴 마찬가지!

2. 퍼스라는 의사는 황열이 독감처럼 걸리는 병이 아니라는 것을 증명해 보이기 위해 황열 환자가 토한 시커먼 내용물을 직접 마시고 환자의 피를 자기 몸에 주사하기까지 했다. 이론대로라면 당연히 병에 걸려야 하는데 어찌된 일인지 퍼스는 크게 앓지 않

았다. 아마 바이러스가 약해졌기 때문일 것이다.

하지만 갈팡질팡하던 과학자들도 차차 황열의 비밀을 캐내가고 있었다. 1900년 미군 소속의 조지 스턴버그가 엘리트 과학자 한 팀을 쿠바로 보냈다. 목표는 황열 조사! 여태껏 아무도 알아내지 못한 황열의 비밀을 그들이 알아냈을까? 팀의 대장은 월터 리드라는 군의관이었는데 아마 이런 보고서를 스턴버그에게 보내지 않았을까?

황열과 싸운 네 명의 전사

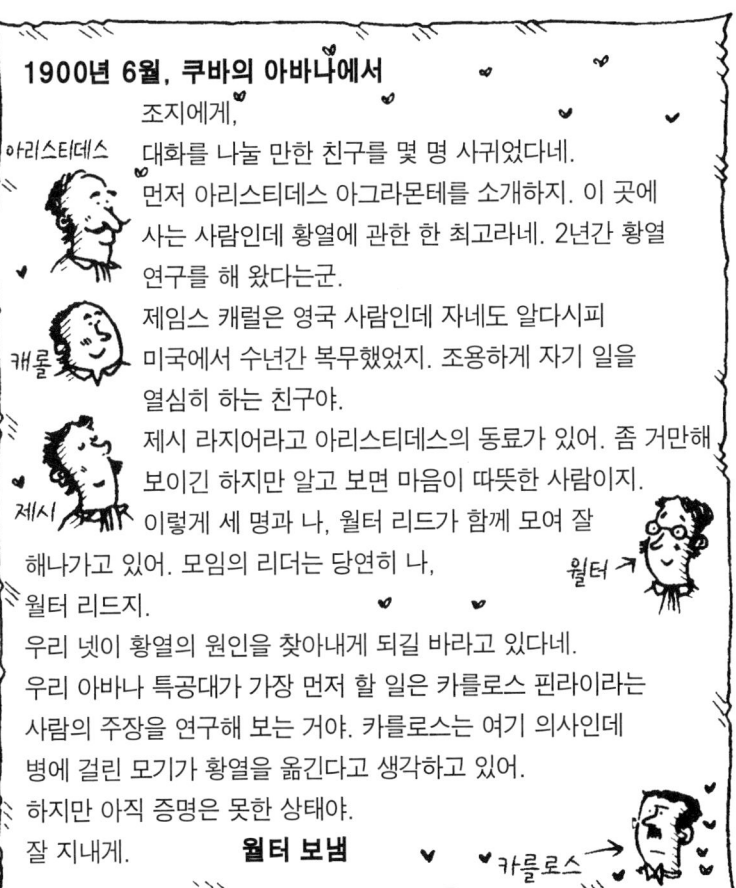

1900년 6월, 쿠바의 아바나에서

조지에게,

아리스티데스

대화를 나눌 만한 친구를 몇 명 사귀었다네.

먼저 아리스티데스 아그라몬테를 소개하지. 이 곳에 사는 사람인데 황열에 관한 한 최고라네. 2년간 황열 연구를 해 왔다는군.

캐럴

제임스 캐럴은 영국 사람인데 자네도 알다시피 미국에서 수년간 복무했었지. 조용하게 자기 일을 열심히 하는 친구야.

제시

제시 라지어라고 아리스티데스의 동료가 있어. 좀 거만해 보이긴 하지만 알고 보면 마음이 따뜻한 사람이지.

이렇게 세 명과 나, 월터 리드가 함께 모여 잘 해나가고 있어. 모임의 리더는 당연히 나, 월터 리드지.

월터

우리 넷이 황열의 원인을 찾아내게 되길 바라고 있다네.

우리 아바나 특공대가 가장 먼저 할 일은 카를로스 핀라이라는 사람의 주장을 연구해 보는 거야. 카를로스는 여기 의사인데 병에 걸린 모기가 황열을 옮긴다고 생각하고 있어.

하지만 아직 증명은 못한 상태야.

잘 지내게. **월터 보냄**

카를로스

1900년 7월

조지에게,

군부대에서 이상한 일이 벌어졌다네. 영창(군대 감옥)에 갇혀 있던 군인이 황열로 죽었어, 그런데 영창에 있던 군인들 중에 황열에 걸린 사람은 아무도 없어. 어떤 군인은

황열로 죽은 사람의 침대에서 자기까지 했는데도 말이야. 침대에는 토한 내용물과 대변까지 말라붙어 있었거든(군인들은 더러운 것 따윈 신경쓰지 않는 법이지. - 아무도 모르게 변기에 대고 열심히 구역질을 했는지는 모르지만).

그런데도 병이 걸리지 않았다니 놀랍지? 내 생각은 이래. 황열은 다른 질병처럼 환자와 접촉하거나 환자의 분비물에 몸이 닿거나 해서 전염되는 병이 아닌 게 분명해.

카를로스의 말이 맞는지도 모르겠어. 황열이 그 성가신 모기 녀석들과 뭔가 관계가 있는 것 같아. 제시가 모기를 잡아와서 실험에 참여하겠다는 지원자들에게 풀어 놓았지만 지금까지 황열에 걸려 시달리는 사람은 아무도 없어.

연구 진행 상황을 계속해서 알려 주겠네.

월터 보냄

1900년 9월

조지에게

자네도 알다시피 미국으로 돌아왔어. 하지만 아바나의 친구들과 계속 연락하고 있다네. 좋은 소식을 하나 알려주지.

제임스와 제시가 연구실에 있을 때 생긴 일이야. 제시가 사람을 무는 모기를 어떻게 잡아야 하는지 시범을 보이던 중이었는데…

"이 녀석들 지금 배고프지 않나 봐."

라고 제시가 말했지.

"이러다가 나중에 내가 물리는 거 아냐?"
하고 제임스가 대답했는데, 정말 말 그대로 제임스가 모기에 물리고 말았어.

쪼옥!

청진기를 든 내 손이 마구 떨리더군. 제임스가 황열에 걸린 게 분명해 보였어. 그리고 죽을지도 모르는 상황이었고(농담 아냐).

어쨌건 실험을 다시 해 봐야했지. 배고파서 꼬르륵대고 있는 모기를 잡아다 놨는데 지원자가 있어야지? 천만다행으로 부대에 꽤나 멍청한 군인이 한 명 있었어. 윌리엄 딘이라는 병사인데 모기에 물리겠다고 자청했어.

룰루루

5일 후…
딘이 마침내 황열에 걸렸다는군. 자기가 뭔가를 먹은 게 분명하다고 그러고 있대. 모기가 황열을 전염시킨다는 게 증명됐어. 마침내 성공한 거야!

월터 보냄

값진 희생으로 얻은 위대한 발견

1. 네 명의 과학자들은 마침내 모기가 황열을 옮기고 다닌다는 것을 알아내고 기뻐했다. 하지만 좋은 일 뒤에는 꼭 나쁜 일이 뒤따라오는 건지…. 얼마 뒤 헤세가 우연히 모기에 물렸다. 제임스와 윌리엄 딘은 황열에 걸리고도 살았는데 헤세는 그렇지 못했다. 슬픈 일이 아닐 수 없었다. 헤세 역시 자신이 연구하던 병에 걸려 죽은 과학자 리스트에 오르게 되었다(앞에서 이런 사고를 여러 번 본 기억 나지?).

2. 일본인 과학자 히데요 노구치(1876~1928)는 박테리아가 황열을 감염시킨다고 생각했다. 심지어 박테리아를 죽이는 항독소까지 만들었다. 하지만 황열 바이러스에 전혀 효과가 없었다.

1928년 노구치 히데요는 아프리카에서 황열을 연구하다가 역시 황열에 걸려 사망했다.

3. 아일랜드인 의사 에이드리언 스토크스(1887~1927)는 황열과 원숭이와의 상관 관계를 알아보기 위해 1927년 아프리카에 갔다. 그곳에서 자신이 황열에 걸렸는데도 아픈 몸을 이끌고 자신을 실험용 모르모트 삼아 원숭이 연구를 계속했다. 결국 모기가 원숭이와 사람 사이를 왔다 갔다 하며 병을 옮긴다는 사실을 증명 한 뒤에 죽었다.

알아냈…다…아아…으윽!
쿵!

4. 황열 바이러스는 찾아냈지만 1936년이 될 때까지 백신을 개발하진 못하고 있었다. 1936년 아시비라는 아프리카 젊은이의 몸에서 뽑아낸 바이러스를 연구해 보았더니 바이러스는 힘이 약해져 있어서 황열로 발전하지 못한 상태였고, 황열에 대한 신체 면역만 만들어져 있었다. 그 이후로 아시비의 바이러스를 이용해 백신을 만들었고, 이 백신은 지금까지 수만 명의 고귀한 생명을 구했다.

끈질긴 고거스 소령

황열을 옮기고 다니는 악당이 열대숲모기라는 결정적인 증거를 찾아 낸 과학자들은 이제 이 악당을 처치할 방법을 찾아 내려고 노력했다. 그 중에서도 미 육군 소령 월터 고거스의 활약이 단연 돋보였다. 고거스 소령은 열대숲모기를 처단하는 일을 일생일대의 개인적인 사명으로 여겼다.

귀찮은 모기떼마냥 왜 쫓아다녀? 할 얘기 없으니 저리 가! 인류를 멸종시킬 병이 발생할 수도 있어요!

고거스가 결혼하기 전의 일이었다. 그의 상관이었던 한 대령이 고거스에게 부탁을 해 왔다. 대령의 딸이 황열에 걸려 곧 죽게 되었으니 장례식 날 딸의 죽음을 애도하는 짤막한 연설을 해 달라는 것이었다. 그런데 어이없게도 대령의 딸은 병이 나았고 고거스가 황열에 걸리고 말았다. 병이 나은 아가씨는 고거스를 간호해 주었고, 둘은 사랑에 빠져 곧 결혼했다.

고거스, 당신은 정말 골고루 다 멋져요.
당신은 얼굴이 노란게 더 어울려요.

1880년대 프랑스는 파나마 지협(북아메리카와 남아메리카를 잇는 좁은 땅)에 운하를 건설하려고 했다. 하지만 52,816명의 노동자가 황열에 걸리는 바람에 계획은 물거품이 되고 말았다. 1904년, 이번엔 미국이 나섰다.

이봐, 이제 우리한테 넘기지 그래?
좋아, 잘해 봐. 우린 파리로 돌아갈 테니.

1904년 고거스는 황열을 퇴치하라는 명령을 받고 군의관 대표로 파나마에 도착했다. 황열과의 전투가 벌어지는 전쟁터로 수천 명의 군사를 내보냈다. 수천 명의 군사가 한 일은? 넓고 넓은 바다 위에 기름을 부어 모기가 알을 낳지 못하게 막았고 숲을 모조리 태워 모기가 숨을 곳을 없애 버렸다.

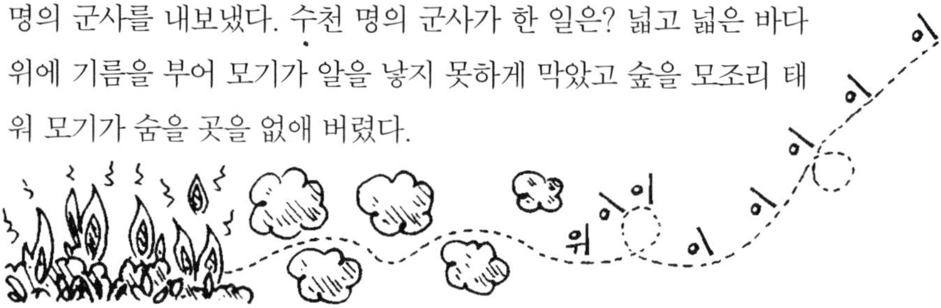
위이이이이이이이이

이 일로 고거스는 부대의 상관들에게 강한 반발을 샀다. 그중에서도 고털 대령은 이렇게 비난했다.

모기 한 마리 잡는 데 미국 국민의 아까운 세금을 10달러씩이나 쓰다니 말이 돼?
그 10달러짜리 모기 중의 한 마리가 대령님을 물면 어떡하시겠습니까?

1906년이 되자 파나마에선 황열이 사라졌다. 운하 건설은 착착 진행되어 1913년에 완공되었다. 병균들이 판치고 있는 적진으로 인간이 뛰어들어가 최초로 싸워 이긴 대단한 사건이었다.

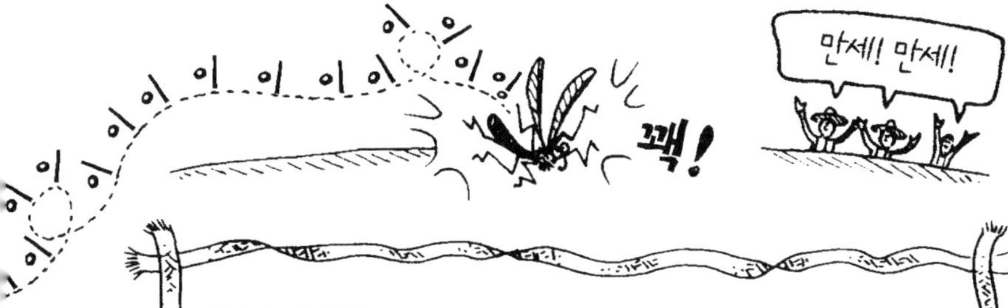
꽥!
만세! 만세!

이건 몰랐지롱!

지금도 열대 지방(적도 부근의 더운 곳)에선 황열이 돌고 있다. 하지만 예전처럼 많은 사람들이 황열로 죽진 않는다. 참 다행한 일이지? 그런데 이번엔 황열의 친척쯤 되는 병인 뎅기열이 고개를 들고 있다. 뎅기열 역시 열대숲모기가 전염시키는데 이 병에 걸리면 온 뼈마디가 다 떨어져 나가는 것 같은 고통을 느끼게 된다. 뭐? 이 병에 걸려도 학교에 빠질 수 있냐고?

질병 하나를 퇴치하고 나면 또 다른 병이 생기고…. 정말 걱정되지? 너무 걱정할 필요는 없다. 걱정을 덜어 줄 만한 얘기가 또 있으니까. 인간과 질병이 맞서 싸운 대결에서 우리 인간이 완벽한 승리를 거둔 기분 좋은 이야기를 함께 볼까?

다음으로 넘어가기 전에 일단 팔에 주사 한 대 맞고….

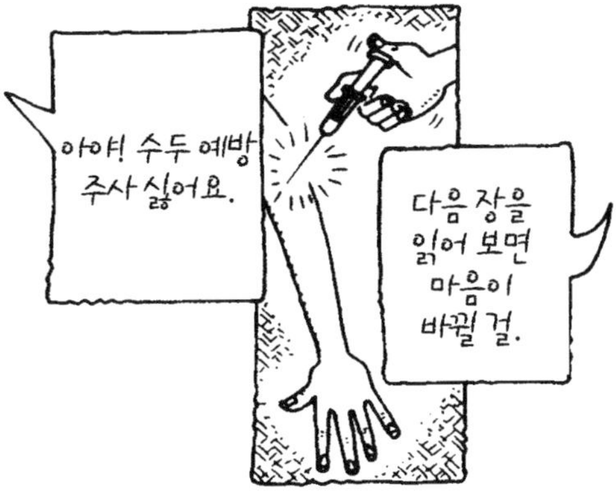
아야! 수두 예방 주사 싫어요.
다음 장을 읽어 보면 마음이 바뀔 걸.

몰아내자, 천연두!

수천 년간 사람들과 병균은 서로 끝없는 전쟁을 벌여왔다. 어느 한 쪽도 양보하는 법 없는 불꽃튀는 전쟁에서 수백만 명의 인간과 그 세제곱도 넘는 수백 경이나 되는 세균이 죽었다. 이 기나긴 전쟁에서 단 한 번 오직 단 한 번 인간이 결정적인 승리를 거뒀다. 바로 천연두와의 싸움에서. 그런데 도대체 천연두는 어떤 병이지?

혹시 홍역을 앓아본 적 있다면 천연두 비슷한 걸 느껴본 셈이다. 종류는 비슷하지만 아픈 정도는… 홍역의 백 배쯤? 홍역을 앓지 않은 사람은 다음 글을 읽어 보면 이해하는 데 도움이 될 것이다.

결석계 4: 천연두

선생님께

이 일을 어쩌죠? 저희 -----(이)가 천연두에 걸렸어요.
처음엔 열이 심하게 나더니 구역질을 하고 나중엔
머리 끝부터 발끝까지 안 아픈 데가 없다고 그러더군요.
그리곤 무서울 정도로 반점이 돋아났구요. 지금은 열이
더 심해졌어요. 반점엔 고름이 가득 찼어요. 반점에 세균이
감염돼서 ------(이)의 피부가 썩어서 떨어져 나가고 있답니다. 보는 저도 괴로운데 -----(이)는 얼마나 아플까요?
부디 과학 숙제 못해가더라도 혼내지 말아 주세요.
앞으로 쭈-욱 안 해가더라두요.

걱정에 잠 못 이루는 -----(이) 엄마 드림.

결석계 보충 설명

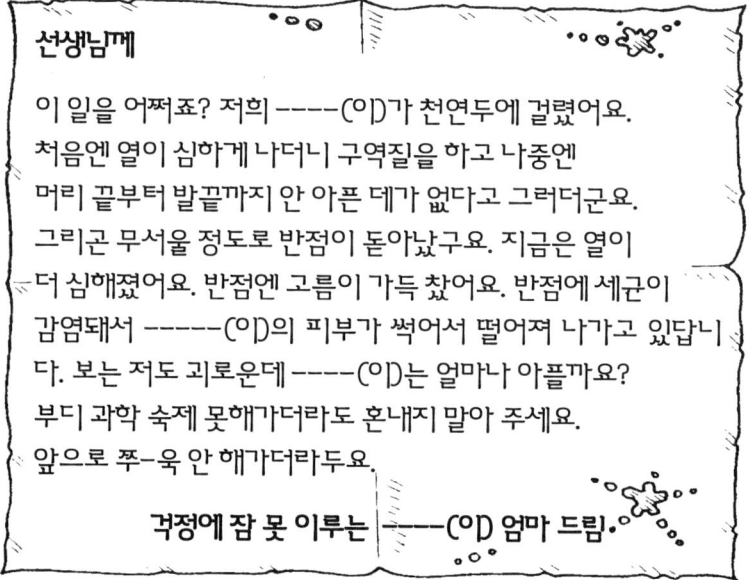

1. 천연두도 홍역처럼 바이러스에 의해 감염된다. 천연두 바이러스

는 벽돌 모양으로 생겼다.

2. 천연두를 앓는 사람의 몸에 난 딱지를 만지거나 천연두 바이러스가 떠다니는 공기는 마시거나 하면 천연두에 감염될 수 있다.

3. 불행히도(결석계를 쓴 사람의 입장에서 보자면 '불행히도', 우리 입장에선 '다행히도') 이젠 더 이상 천연두에 걸리는 사람이 없다(어떻게 해서 천연두 없는 세상이 되었는지는 잠시 후에 알아보겠다). 그러니 선생님께서 결석계를 그대로 믿으실 리 만무하다. 결석계에 적힌 모든 내용이 가짜로 지어 낸 말이라고 생각하실걸.

'죽음의 세계' 시간이 돌아왔습니다!

천연두가 한창 기승을 부리던 시절, 수백만 명이 천연두로 목숨을 잃었다. TV 프로그램 '죽음의 세계' 리포터가 천연두 바이러스를 만나 이런 기사를 보내왔다.

살아서 죽음의 세계를 들여다 볼 수 있는
'죽음의 세계' 시간이 돌아왔습니다!
저는 지금 아주 아주 철저히 보안이 유지되는 한 실험실에 나와 있습니다. 전 세계 수백만 명의 마음을 아프게 했던-사실은 마음보다 몸을 더 많이 아프게 했던- 바로 그 장본인을 만나기 위해서죠. 온몸이 떨리는군요. 천연두 바이러스를 소개합니다. 천연두 장군님, '죽음의 세계' 시간에 나와 주셔서 고맙습니다.
죽음의 세계
우와, 신나네요! 요즘은 날 찾아오는 사람이 별로 없어서 심심했거든요.

당신이 어디 출신인지는 여태껏 밝혀지지 않고 있는데요. 하지만 한참 잘 나가던 시절엔 왕족들과도 친분이 있었다고 하더군요. 사실은 당신이 그들의 죽음과 밀접한 관계가 있다고 들었습니다. 자, 오늘 이 시간에 그 왕족들이 직접 나오셔서 자리를 빛내 주셨습니다. 들어오시죠. 왕족 여러분!
높은 사람들과 좀 어울렸지.
이놈!
기원전 1157년 사망한 이집트의 람세스 5세, 1674년에 사망한 영국의 메리 2세, 1730년 사망한 프랑스의 루이 15세.
1742년 사망한 스페인의 루이스 1세, 548년 같은 해에 사망한 일본 왕 두 분, 1526년에 사망한 잉카 제국의 우아나카팍 … (아이고, 숨차다)께서 나와 주셨습니다.
음~???
조지 워싱턴을 포함한 많은 사람들은 딱지 때문에 흉터를 갖게 되었습니다.
내가 세계 역사에 큰 자국을 남기긴 했지.
"너!"
당신의 영향력은 세계 곳곳에 뻗치지 않은 곳이 없더군요. 1886년에 티오피아에서는 천연두에 걸린 사람들을 하이에나의 먹이로 버려두었다고 합니다.
내가 동물들한테 인정을 베풀었지.

사악한 천연두의 이야기는 계속 된다!

천연두 연구의 선두 주자 중에 아부 바카르 모하메드 이븐 자카리야 알 라지(860~932)라는 긴 이름을 가진 아라비아 의사가 있었다. 짧게 알 라지라고 불렀는데 이 사람은 천연두 환자와 홍역 환자를 주의 깊게 관찰해서 그 차이점을 밝혀냈다. 어떤 것이었냐 하면…

1. 홍역은 발병 초기에 콧물이 난다. 그래서 딸기코가 된다.

자, 보시다시피
이 환자는 천연두에
걸린게 아닙니다.
천만다행이죠?

2. 홍역 때문에 생긴 반점은 천연두 반점보다 작고 딱지가 생기지도 않는다.

3. 홍역에 걸리면 입 안에도 흰 반점이 생긴다.

알 라지는 200여 권의 책을 남겼는데 대개 철학과 종교에 관한 것이었다. 하지만 알 라지의 종교적 견해에 대해 이슬람 사회 내에서 막강한 힘을 가진 물라(이슬람교 성직자)들이 크게 반발했다.

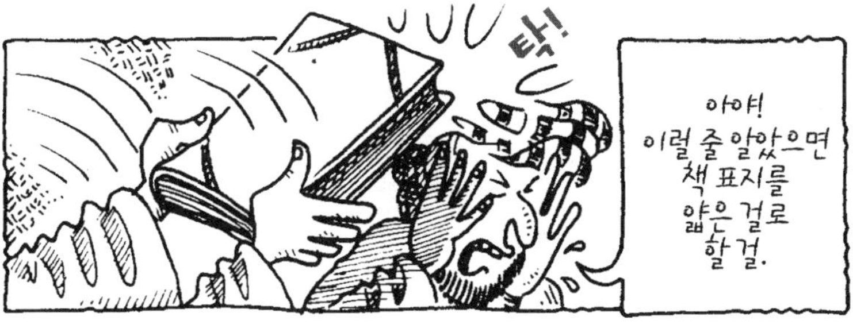
탁!
아야!
이럴 줄 알았으면
책 표지를
얇은 걸로
할걸.

물라는 알 라지에게 특이한 벌을 내렸다. 알 라지가 낸 책으로 알 라지의 머리를 계속 내려치는 벌이었는데 책이나, 머리 한 쪽이 부서질 때까지 계속 맞아야 했다.

불행히도 알 라지의 머리는 책만큼 단단하질 못했다. 뇌에 손상을 입은 알 라지는 결국 시력을 잃고 말았다.

천연두, 서부로 가다!

1521년 아메리카 대륙에 도착한 천연두는 사정없이 사람들에게 달려들어 인류 역사상 유례가 없는 대형 참사를 가져왔다. 천연두에 비하면 그 지독했던 페스트 정도야 약간 법석을 피운 축제 정도로 여길 정도였다. 천연두를 옮긴 건 유럽 사람들이었다. 유럽 사람들은 이미 천연두를 앓아 봤기 때문에 벌써 몸에 면역이 형성되어 있었다. 하지만 아메리카 원주민들은 한 번도 천연두(홍역이나 독감도 마찬가지) 같은 걸 앓아 본 적이 없었고, 당연히 막아 낼 방법도 갖고 있지 않았다.

일단 천연두에 걸리면 치료할 방법도 없었다. 민간 요법이라고 해 봐야 땀을 푹 낸 다음에 얼음장처럼 차가운 물속에 뛰어드는 게 고작이었는데 그 방법으론 오히려 죽을 날을 앞당기는 결과만 낳았다.(이런 방법을 사용하는 학교가 아직도 우리 곁에 있는 걸로 안다. 그걸 '수영 수업' 이라고 부른다지. 아마?)

구멍 뚫는 기계라도 돌린 거야?
아니, 요즘은 옷도 못 벗고 며칠 동안 누워 있기만 했는걸.

배추 속에 배추벌레가 돌아다니는 걸 본 적 있어? 그 배추벌레마냥 천연두는 온 아메리카 대륙을 200년간 누비고 돌아다녔다. 아마 그 동안 1억 명은 죽었을걸.

천연두를 밀어내기 위한 인간의 반격은 중국과 터키에서 각각 이루어지고 있었다. '종두'라는 방법이었는데, 사람의 몸 속에 천연두를 약간 집어넣어서 면역을 생기게 만드는 것이었다. 백신과 비슷하긴 했지만 이 경우엔 바이러스가 살아 있었다. 그리고 이 터키의 관습을 전세계로 전파하는 데 공헌한 대단한 여인이 있었으니….

명예의 전당: 메리 워틀리 몬태규(1689~1762)

국적: 영국

메리에게 천연두는 철전지원수였다. 26살 무렵 메리는 아름답고 재능 있는 아가씨였다. 하지만 이 꽃다운 나이에 천연두에 걸리고 말았고 병이 나았을 때는 얼굴에 흉한 상처가 남았다. 메리가 천연두에 걸리기 전에 메리의 아버지는 클랏워 미(클랏은 영국 말로 '얼간이'라는 뜻이 있다)라는 끔찍하게 재미없는 남자와 메리를 결혼시키려고 했다. 메리가 그 남자와 결혼하기 싫다고 하자 아버지는 메리를 집 안에 가둬 놓고 동생한테 감시하라고 시켰다(어느 집에 가든 꼭 이렇게 악독한 동생들은 한 둘 있나 봐…).

클랏워 미라는 그 얼간이랑 결혼하기 싫어!

그 뒤, 어찌어찌해서 메리는 돈 많고 지위 높은 남자 친구인 에드워드 몬태규와 함께 도망 갔고 에드워드 몬태규는 터키 주재 영국 대사가 되었다.

이 추운 데서
또 겨울나기
싫어요.
이번 크리스마스는
어떤 특별한 계획을 세우셨나?

메리는 터키에서 종두를 접하게 되었다. 종두를 알게 된 메리가 영국에 있는 친구 새러 치즈웰에게 이런 편지를 쓰지 않았을까?

1717년 터키
아드리아노플에서

사라에게

천연두를 예방할 수 있은 획기적인 방법을 여기에서 알아 냈어. 해마다 어떤 할머니가 와서 천연두 약 살 사람 없냐고 물어 보며 돌아다니거든. 약 사겠다는 사람이 나타나면

할머니는 천연두 고름이 들어있는 아주 조그만 그릇을 꺼내. 그리곤 바늘 끝을 고름 그릇에 담갔다 꺼내지. 그런 다음 사람들 피부를 긁어서 상처를 조금 낸 뒤 그 자리에 고름을 펴 발라.

그리고 며칠 지나면 고름을 바른 사람들은 반점과 열이 약간씩 나면서 앓게 돼. 하지만 금방 괜찮아지고 평생 천연두에 걸리지 않게 된대. 정말 놀랍지?

물론 부작용이 있긴 해. 고름 바른 사람 중
네 명에 한 명 꼴로 천연두를 심하게 앓고 그러다가 심하면
죽는 경우도 있어. 그렇지만 그건 네 명 중에 한 명에
불과하잖니? 난 당장 우리 애들한테
이 방법을 써 볼 거야.

너의 영원한 친구 메리

메리 몬태규의 아이들은 어떻게 됐냐고? 별 탈 없이 살아남았다. 1718년 영국으로 돌아간 메리는 가깝게 알고 지내던 왕세자에게 터키에서 사용하는 천연두 예방법을 소개했다. 그리고 왕세자의 공주들에게 시술해 보도록 권했는데 그 방법이 잘못될 가능성도 있다는 것을 안 공주들이 시술 받기를 주저했다. 그래서 공주들을 안심시키기 위한 방법을 생각해냈다. 사형이 집행되기를 기다리고 있는 죄수 중에서 여섯 명을 골라 이러지도 저러지도 못할 무서운 제안을 내놓은 것이다.

니들 팔에 바늘로 천연두 고름을 집어넣을래? 아니면 그냥 사형 당할래?
전 바늘이 무서워요
잘못되면 천연두에 걸려 죽을 거고, 잘 되면 사형도 안 당할 거야.
거 공평한 방법이네

여러분들이 사형수 입장이라면 어떻게 하겠는가? 그건 그렇고, 죄수들은 죽지 않고 살았다(정확히 말하자면, 한 명은 천연두에 걸리긴 했지만 면역이 생겨서 평생 천연두 걱정 없이 살았다). 그리고 공주들에게도 시술해서 무사 통과! 그 뒤 메리는 매우 유명해졌다. 물론 메리의 거만한 태도를 싫어하는 사람도 있었지만. 그 중에 알렉산더 포프라는 시인은 메리에 대해서 좋지 않은 마음을 드러낸 시를 쓰기까지 했다. 화가 난 메리는 포프의 책을 사서 방 안에서 쓰는 요강 받침으로 썼다. 그러면서 자기는 포프의 책에다가 밤마다 실례를 풍덩풍덩 한다고 사람들에게 뻐기고 다녔다.

선생님, 질문이요

주의사항: 요런 질문으로 선생님을 귀찮게 굴 생각이라면 그 뒤에 돌아올 사태에 대한 책임은 전적으로 각자 감당해야 한다.

교무실 문을 사뿐히 톡톡 두들긴다. 문이 끼리릭하고 열리면 선생님께 해맑은 미소를 지어 보이며 이렇게 질문한다:

선생님, 질문이요. 천연두 예방 주사 맞은 자국 좀 보여 주실래요?
뭐라구?

정 답 선생님은 분명 자국을 갖고 계실 것이다(대개 1cm 남짓한 흉터가 남아있다). 팔 윗부분과 어깨 사이를 살펴보면 어릴 때 천연두 예방 주사를 맞은 자국이 있다. 1976년 이전에는 모든 어린이들이 천연두 예방 주사를 맞아야만 했다. 그러니 선생님께서 '최소한' 몇 세인지 확인할 수 있다는 사실!

천연두 영원히 사라지다!

1769년경 제너가 종두법을 개발해 천연두와 맞서 싸울 백신이 완성됐다(백신에 대해 잘 기억나지 않는 사람은 62쪽 참고!) 마침내 우리 인간이 천연두에 감염되지 않을 무기를 갖게 된 것이다. 천연두는 페스트처럼 야생 동물에게 아직 병이 남아 있지도, 황열처럼 벌레들이 병의 매개가 되지도 않는다. 천연두 바이러스는 오로지 사람 몸에만 살기 때문에 모든 사람들이 다 백신을 맞게 되면 바이러스는 사라질 수밖에 없다. 천연두 바이러스의 이런 치명적인 약점에 착안한 러시아 과학자들이 WHO(세계 보건 기구)에 모든 사람들에게 백신을 주사하자는 의견을 냈고, 1966년 WHO는 천연두 몰아내기 작전을 실시했다.

미국인 의사 도널드 핸더슨을 대장으로 삼은 650명의 WHO 조직원들이 천연두 소탕 작전에 돌입했다. 브라질에서는 한 의사가 인질로 잡히는 사건이 일어났었는데, 이 의사는 풀려나기 전에 강도들에게 천연두 백신을 꼭 맞으라고 강력히 권했다고 한다.

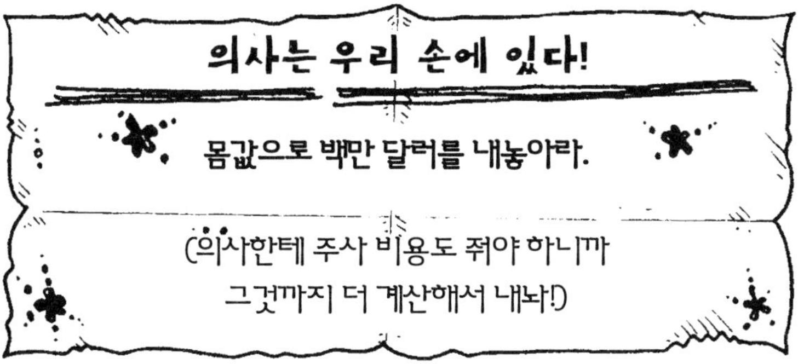
의사는 우리 손에 있다!
몸값으로 백만 달러를 내놓아라.
(의사한테 주사 비용도 줘야 하니까
그것까지 더 계산해서 내놔!)

어떤 의사는 아메리카 인디언의 화살에 맞아 죽는 불행한 사건도 있었다. 어쨌거나 마침내 천연두는 소말리아와 방글라데시에서만 발병하더니 1980년에 그동안 그렇게 기다려왔던 내용을 담은 발표가 터져 나왔다. '천연두는 지구상에서 완전히 사라졌다!(연구용으로 조금 보관해 놓은 것 빼고)' 인류 역사상 수백만 년 만에 처음으로 인간의 목숨을 위협해 왔던 질병을 인간의 손으로 소탕해 버리는 쾌거를 올린 것이다!

정말 기쁜 일이 아닐 수 없지? 하지만 기쁜 일 뒤에 어두운 얘기를 해서 안됐지만, 우리 인간들의 목숨을 노리는 새로운 질병이 계속해서 나타나고 있다. 도대체 어디서 나타나는 걸까? 왜 그렇게 지독한 병이 생기는 거지? 인류의 미래는 어둡기만 할 것일까?

이야기는 계속된다 … (읽어 보고 그 답을 찾아봐)

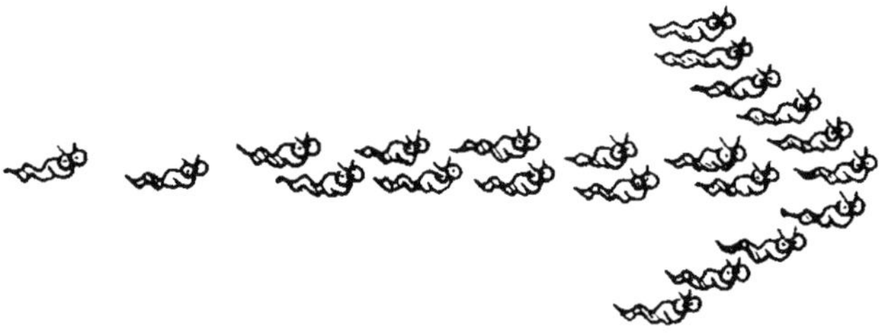

새롭게 등장한 악랄한 질병

지구상에 새로이 등장한 질병들 이야기를 해서 여러분들의 마음을 아프게 할 생각을 하니 정말 괴롭다. 악랄하기 짝이 없는 새로운 질병들을 전시한다는 얘기를 들은 엉뚱괴기 박사께서 기쁜 마음으로 설명해 주셨다.

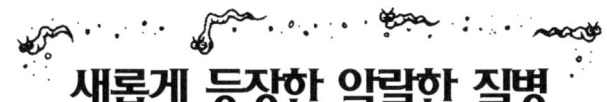

반드시 알아두어야 할 건강 상식

악질적인 질병 모음 전시회를 보러 오신 분들! 입과 코를 손수건으로 막기를 권하는 바이다. 어떤 지저분한 것이 튀어나오건 상관없다는 사람만 빼고.

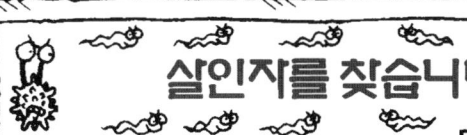

악질적인 질병 모음 전시회

살인자를 찾습니다

세균성 질병

***재향군인병**

처음 나타난 곳: 1976년 재향군인회 대회가 열리고 있던 미국 필라델피아의 한 호텔

범죄기록: 호텔에 투숙 중이던 미국 재향군인 회원들을 죽게 만든 것이 처음(그래서 이런 이름이 붙었겠지?).

엉뚱괴기 박사의 한 마디

심각한 질병에 대해 재미있게 표현하는 것에 대해 나는 결사반대한다. 이 책을 보고 누가 의학 서적이라고 하겠어, 응? 재밌는 책이라고 하지.

그 후로 세계 곳곳에서 발견되었다. 좀 더 연구해 보고 싶은 마음은 있는데 이런 병으로 날 찾아온 환자가 없어서….

범죄 내용: 폐에 침입해서 열병을 일으킨다.

공범: 샤워기나 에어컨 속에 사는 원생동물. 그 속에 박테리아가 산다.

위험도: 아직 나타나는 횟수가 많지 않고, 항생제로 퇴치 가능하다.

***라임병**

처음 나타난 곳: 1975년 미국 코네티컷 주의 올드라임. 과학자들이 연구 중에 발견.

범죄 기록: 도시의 어린이들이 습격 당했지만 곧 나았다. 그 후로 미국 전역과 유럽, 중국, 일본, 남아프리카에서 발견되고 있다.

범죄 내용: 내 동료 의사인 투덜이 박사가 이 병에 걸렸기 때문에 잘 알고 있다. 투덜이 박사가 어떻게 투덜댔냐 하면….
열이 나고, 붓고, 목이 뻣뻣하고, 관절이 마디마디 쑤시면서 몇 년씩이나 아프다고 했다. 하지만 다행히도 투덜이 박사는 투덜대면서도 잘 견디고 있다.

공범: 사슴진드기 같이 아무거나 물어뜯는 쬐그만 벌레들(그 속에 라임 바이러스가 산다).
진드기는 쥐를 물어뜯다가 몸 속에 바이러스를 갖게 되는데, 다시 사람을 깨물어서 바이러스를 옮긴다.

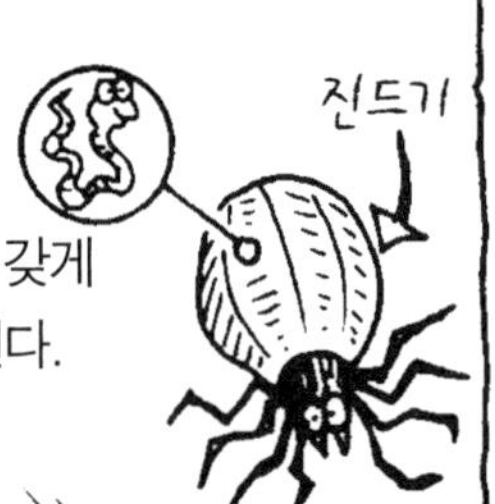
진드기

위험도: 치명적이진 않다.
항생제를 쓰면 퇴치할 수 있다.

재미있는 한 마디
진드기 같은 사람을 조심할 것! 라임병을 옮길지 모르니까. 죄송합니다. 엉뚱괴기 박사님.(썰렁한 유머로 책의 품위가 떨어졌나요?)

바이러스성 질병

***에볼라**

처음 나타난 곳: 1976년 아프리카의 수단과 콩고

범죄 기록: 일단 병에 감염된 사람은 50~80% 가량 사망한다.

범죄 내용: 피나 구토물과 같은 체액을 만지면 전염된다. 머리가 깨질 듯이 아프고 귀, 눈, 항문으로 피가 나오는 증상이 발생하며 머리카락과 손톱이 빠진다. 너무나 흥미진진하게 관심을 끄는 병이라 지난밤에 저녁 식사를 하면서 이 질병에 관한 TV 프로그램을 열심히 지켜봤다.

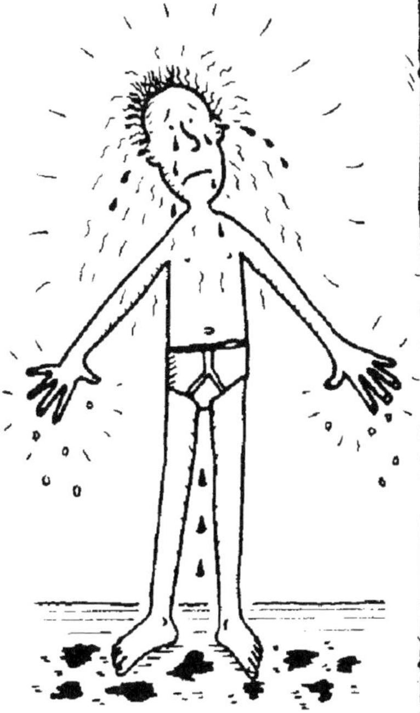

공범: 없다.

위험도: 아프리카에서 아주 드물게 나타나고 있다. 발생할 때마다 철저히 진압됐다.

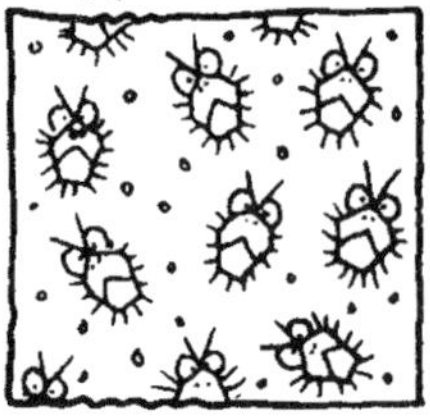

***에이즈(후천성면역결핍증)**

처음 나타난 곳: 1950년대 아프리카로 추정. 에이즈를 일으키는 HIV 바이러스(인체면역결핍 바이러스)는 여러 종이 발견되고 있다.

범죄 기록: 환자 중 99.9%가 사망한다.

범죄 내용:

1. T 세포 속의 DNA 안에 숨기 때문에 면역계가 바이러스를 발견하기가 불가능하다.
2. 수개월 혹은 수년씩 가만히 몸을 숨기고 있다가 갑자기 바이러스가 T 세포를 공격하기 시작한다. 왜 잠복기(쉬는 기간)를 갖는지 아직 그 이유가 밝혀지지 않고 있다.
   바이러스는 T 세포를 계속해서 파괴해 나가기 때문에 결국 면역계는 결핵균 같은 세균과도 싸울 수 없는 지경에 이른다.

너무 복잡해서 이해되지 않는다면 머리도 식힐 겸 117쪽으로 돌아가서 확인하도록!

공범: 실제로 환자가 사망하는 것은 앞에서 본 것처럼 HIV 바이러스가 아닌 결핵과 같은 다른 질병이 원인이 되어서이다(즉, HIV 바이러스가 인체 면역계를 파괴해서 사소한 질병에도 대처할 수 없게 만들었기 때문에 에이즈가 아닌 다른 간단한 질병이 직접적인 사망 원인이 된다).

위험도: 치명적이다. 하지만 혈액과 같은 체액이 환자와 서로 맞닿을 때만 바이러스에 감염되기 때문에 쉽게 전염되지는 않는다. 옆에서 환자가 기침을 하거나, 심지어 칫솔을 같이 쓰고, 화장실을 함께 사용한다 해도 전염되지 않는다. 그런 사실을 모르고 무조건 피하는 것은 똑똑한 사람이 할 행동은 아니지.

새로운 질병이 왜 자꾸 나타나는 것일까?

과학자 두 명에게 이런 질문을 해 보면 적어도 세 가지 서로 다른 대답을 해 줄 것이다.

지구의 온도가 계속 올라가고 있기 때문에 병을 옮기고 다니는 벌레들이 점점 더 활개를 치고 있어요.
사람들이 여행을 예전보다 자주 하죠? 그러면서 사람 몸 속의 세균들도 같이 움직이니까 질병이 더 빨리 확산되는 거예요.
많은 사람들이 큰 도시 가까이 몰려 살고 있기 때문에 병이 더 쉽게 전염되죠.

과학이 늘 그렇듯이 새로운 질병이 나타나는 이유에 대한 명확한 정답은 없다. 하지만 많은 과학자들이 한 가지 이유에 대해서만은 입을 모아 동의의 뜻을 표하는데, 새로운 질병은 동물들에 의해서 전염된다는 점이다. 에이즈와 에볼라는 원숭이한테서 발견되었고, 라임병은 진드기가 전염시킨다. 세계 곳곳에 남아있는 야생의 자연을 인간이 차지해서 숲을 밀어내 버리고 있다. 숲이 잘라져 나가면서 수천 년간 그 속에 머물고 있는 질병들도 함께 바깥 세상 즉 인간 세상으로 나온 것이다. 동물들이 전염병을 갖고 있는 것은 자연스러운 일인데 우리 인간이 그 털복숭이 동물들을 예쁘다고 껴안으면서 전염병에 감염된 것이 아닐까?

그러니까 모든 게 다 우리 인간 탓이라구?

정말 맥빠지는 이야기군, 그렇지?

벌써부터 기운을 잃으면 안 돼. 정신차리라구, 아직 더 복잡한 일이 남아 있으니까. 우리가 앞에서 본 질병 중에는 현대 의학으로 완전히 해결했다고 생각한 것들이 있었지? 글쎄, 과연 그럴까? 과거의 추억 속으로 떠나보냈던 그 얄미운 질병들이 또 다시 살금살금 기어 나오고 있다. 폐결핵의 경우를 살펴볼까?

결핵, 심각한 문제

결핵을 치료하려면 일 년 정도 항생제를 복용해야 한다. 하지만 대부분의 결핵 환자들은 약을 몇 개월만 복용하고 나면 몸이 나은 듯해서, 또 약이 너무 비싸고 해서 치료를 중간에 그만두기도 한다. 이런 행동은 정말 심각한 문제를 일으킨다. 몸 속에 남아 있는 결핵균은 점점 더 강해져서 웬만한 약에는 꿈적도 하지 않게 되고 다시 결핵이 재발한다. 항생제로도 결핵균을 다스리지 못하는 사태가 세계 곳곳에서 일어나고 있다. 그래서 수백 만 어린이들이 결핵 검사를 받아야 할 지경에 처해 있다. 결핵, 정말 심각한 문제다.

말라리아, 더 심각한 문제

아프리카에선 매일 3천 명이 말라리아로 죽어가고 있으며 점점 더 상황이 나빠져 가고 있다. 이것은 곧 사람이 말라리아 기생충을 갖고 있는 모기에게 30초에 한 번 꼴로 물리는 것과도 같다.

이제는 모기 약을 아무리 뿌려도 죽지 않는 모기도 생겼다. 어느 한 지역에서만 아니라 세계 전역에서 이런 현상이 나타나고 있다. 결핵균이 항생제에 꿈적 않는 것과 같은 이유로, 모기의 몸이 모기

약의 독성을 이겨 내는 방법을 저절로 터득한 것이다. 그리고 말라리아를 일으키는 원인이 되는 원생동물도 말라리아 약에 점점 더 내성이 생겨가고 있다.

나는야 의사 선생님

지금 엉뚱괴기 박사의 진료실 앞에 와 있다고 상상해 보자. 손가락에 상처가 나서 치료를 받으러 왔다. 엉뚱괴기 박사가 기분이 좋은 상태여서 손가락을 잘라내지 않길 기도하자. 다른 환자들도 있는데 다들 안색이 좋지 않다. 저 사람들은 어디가 아파서 왔는지 알아 맞춰 볼까?

1. 얼굴이 푸르다 못해 자주빛이 나고, 급히 화장실로 달려가는 중이다.
다음 환자!
3. 피부가 노랗다. 열이 심하고, 검은 색 구토를 쏟아낸다.
4. 얼굴이 퉁퉁 부었고, 아파 보인다.
2. 머리에 이가 있고 두통이 심하다. 열도 있고 피부가 쓰라려 보인다.

정답 1. 콜레라 2. 티푸스 3. 황열 4. 유행성 이하선염

전혀 심각하지 않은 좋은 소식!

다시 고개를 들고 있는 질병들에 대항해서 싸울 우리의 전사는? 바로 현대 과학! 과학 기술은 꾸준히 발전을 거듭하고 있고, 첨단 과학이 최신의 약품을 만들어 냈다. 엉뚱괴기 박사가 받아보는 의학 잡지를 잠깐 빌려 보면서 자세히 살펴보자.

하지만 다음 번에 또 이런 일이 닥치면 인류 최후의 날이 되지

주간 의학

획기적 신약 개발!

그간 새로운 약을 개발하기 위해 노력했던 한 의학 연구팀이 이번 주에 놀랄 만한 성과를 발표해 화제다.

힘이 팔팔한
세균
쩔쩔 매는
항생제

신비의 항생제

항생제를 사용해도 세균이 죽지 않는 것을 보고 과학자들은 그 원인을 규명하기 위해 애썼다. 그 결과, 세균이 항생제에 달라붙어 활동을 멈추게 만드는 화학 물질을 만들어 낸다는 것이 밝혀졌다. 이에 대해 한 제약 회사 대표는 이렇게 말했다. "달라붙는 것에는 달라붙는 것으로 맞서야겠죠." 죽지 않는 세균을 해결하는 한 가지 방법은, 항생제에 달라붙는 세균의 화학 물질 위로 또 다른 화학 물질이 달라붙어 세균 화학 물질이 항생제 활동을 막을 수 없도록 막는 것이다(복잡하지? 즉, 항생제에 세균 화학 물질을 억제하는 성분을 첨가한다는 뜻).

DNA를 공격하라

바이러스의 DNA를 공격해서 못 쓰게 만드는 것도 바이러스를 없앨 수 있는 방법이다.

DNA는 바이러스가 성장하는 것을 조절하는 물질이다. 바이러스 중에는 RNA라는 좀 더 간단한 물질을 갖고 있는 것도 있지만 하는 일은 DNA와 같다.

으악! 내 DNA가 꼼짝도 안해!

좀 더 구체적으로 말하자면, DNA에 달라붙어 DNA 활동을 멈추게 만드는 단백질을 사용하는 방법이다.

이 방법을 사용하면 바이러스는 수를 늘릴 수가 없게 된다.

희귀한 샘플을 구합니다!

엉뚱괴기 박사가 의학 수집품 목록에 넣을 샘플을 구하고 있다. 유별난 질병의 증상이 나타난 신체 부위면 뭐든지 OK.

고름이 차 있는 혹, 물집, 종기 등 희귀한 샘플 대환영.

연락처: 많이 아픈 시,

빨리 고쳐 구,

엉뚱괴기 박사 진료실

새로 나온 아목시실린

(환자에게 투여해 보시라!)

이 항생제는 세균이 세포막을 형성하지 못하도록 하는 효과가 있기 때문에 물이 끊임없이 들어가 결국 세균은 펑 하고 터지게 된다. 이 최첨단의 약으로 세균이 항생제 작용을 막는 사태를 예방해서 세균을 전멸시키자.

혁신! 또 혁신!

유전 공학의 발전에 힘입어, 세균을 이용해서 많은 양의 생화학 물질을 만들어 낼 수 있게 되었다. 그 대표적인 예가 항독소와 인터페론이다.(〈주간의학〉 애독자 여러분이 모두 알다시피 인터페론은 바이러스의 증식을 막아 주는 물질이다).

의학 발전의 또 다른 방향으로는 단일클론성 항체, 즉 인공 항체를 만드는 분야의 발전을 들 수 있다.

인공 항체는 실험실 안에서 인위적으로 만들어지고 성장하는 것으로 독소를 차단시키는 항체의 역할을 대신할 수 있다.

올해는 단일클론성 항체가 아주 잘 자라줘서 기분이 좋아.

다음 주 예고

* 환자가 없어지면 의사는 더 행복해질까?
* 컬러 화보로 보는 피가 낭자한 수술 현장
* 〈주간 의학〉이 자랑하는 연재물 '체액에 관한 모든 것' ; 설사와 구토에 관한 심층 분석

경고! 다음에 읽을 글은 손끝 발끝을 쩌릿쩌릿하게 만드는 정도가 아니라 어쩌면 너무 무서워서 손톱 발톱이 저절로 떨어져 나갈지도 모름.

이건 몰랐지롱!

1997년, 무서운 사건이 발생했다. 홍콩의 과학자들은 닭에서 새로운 종류의 독감을 발견했다. 이 새로운 독감을 일으키는 바이러스는 1918년에 많은 사람들을 죽게 만든 바이러스와 흡사했다. 몇 달 내로 이 독감 바이러스의 DNA 구조가 바뀌어 인간에게도 전염될 것이라고 전문가들은 예측했다. 그리고 홍콩을 오가는 여행객들의 몸에 실려 비행기를 타고 세계 곳곳에 독감 바이러스가 퍼질 수도 있는 상황이었다. 그렇게 되면 수백만 아니, 수억의 인류가 죽게 될 지 몰랐다.

그래서 어떻게 됐을까? 우려했던 사태는 벌어지지 않았다. 과학자들은 독감 바이러스를 갖고 있는 닭을 모두 죽였다. 그래서 병은 더 이상 퍼져나가지 않았다. 이 경우에는 다행히 위기를 잘 넘겼지만….

신문 판매대
홍콩 내
모든 닭
죽이다!
달걀
한 개에
1,000만 원

않는다고 누가 보장하겠는가? 아마 우리 주변 어디엔가 지독하고, 악질적인 세균이 숨어 있다가 지구상의 모든 생물을 다 쓸어가 버릴지도 모른다. 다음 쪽을 펼쳐서 자세히 알아보자.

인류의 미래는 고통스러울 것인가?

새로운 종류의 질병이 등장해서 인류를 멸망시킬 것이라고 생각하는가?

절대 그렇지 않으니까 법석을 부리며 울거나 하지 않길 바란다.

그 동안 역사상 여러 번 심각한 질병이 나타나기는 했지만(그래서 온 세계가 뒤숭숭해지기도 했지만) 결코 인류를 파멸시킬 일은 없을 것이다. 그 이유를 말해 주겠다. 지금의 의사 선생님들은 많은 지식과 기술을 갖고서 사람들을 옛날보다 더 건강하게 지내도록 도와주고 있다.

바퀴 부인, 건강 검진 시간에 이렇게 늦으시면 어쩝니까?
미안해, 의사 양반. 아 글쎄, 울퉁불퉁한 길을 지나오다가 내 산악 자전거 바퀴가 펑크났지 뭐야.

사람의 목숨을 위협하는 질병들을 보고 놀랐겠지만 그렇다고 무서워할 필요는 없다. 대부분의 경우, 빨리 치료만 받으면 나을 수 있다.

그리고 비록 새로운 병이 등장한다 해도 우린 이제 질병의 성질에 대해 많이 알고 있기 때문에 전염되는 것을 막을 수도 있다. 질병들에 대항해서 싸울 백신이나 항체와 같은 기술도 개발하지 않았는가! 심각한 질병과 싸워서 인간이 백전백승을 거두고 있는 것은 아니지만 그래도 점점 인간의 힘이 더 커져가고 있는 추세다.

한 가지 더! 무지막지한 병이 나타나서 과학자들이 치료법을 찾아 내기 전에 사람들을 다 전멸시킬 수도 있는 것 아닐까? 물론 그렇게 빨리 진행되는 병이 있긴 했다. 1918년의 독감의 경우가 그랬으니까. 하지만 대부분의 병은 그렇게 빨리 진행되지 않는다. 이 사실을 뒷받침할만한 이유를 말해 주지. 병에 걸린 사람이 만약 5분 이내로 사망한다면 환자 몸 속에 있던 세균도 빠른 시간 내에 환자와 함께 땅 속에 묻힐 것이고, 그럼 다른 데로 퍼져 나갈 수도 없다. 생매장 당하는 것은 세균한테도 가혹한 운명이 아닐 수 없다.

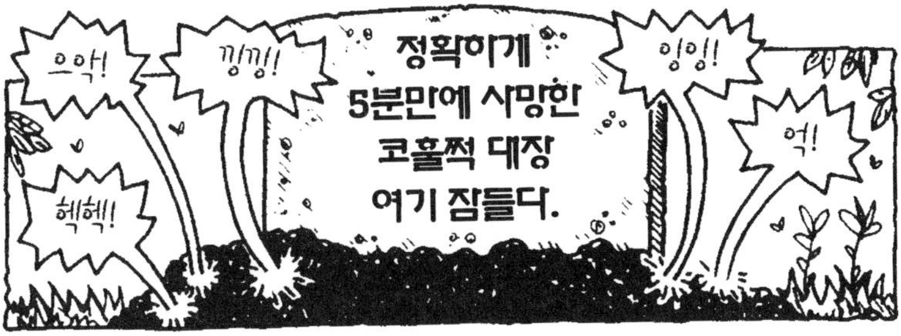
으악!
낑낑!
헥헥!
정확하게
5분만에 사망한
코훌쩍 대장
여기 잠들다.
잉잉!
억!

만약 병이 여러 달 혹은 여러 해를 거쳐 퍼져나간다면, 누군가 환자와 접촉해서 세균에 약간만 감염되고 약간 덜 심하게 앓게 될 것이다. 이런 사람은 아팠다가 곧 회복해서 면역을 형성하게 된다.

인류는 멸망하지 않을 것이라는 믿음을 더 강하게 심어 줄 또 다른 이유가 있다. 그것은 바로 인류가 갖고 있는 고귀한 '인간성' 때문이다.

우린 이 책에서 죽음과 고통을 볼 수 있었다. 하지만 동시에 최악의 순간에 힘을 발휘하는 최고의 인간도 볼 수 있었다. 생명이 위험한 상황에도 거침없이 뛰어들고, 때로는 목숨을 바쳐 치명적인 병의 원인을 밝혀내는 과학자들이 있었다. 또 자신이 병에 걸리거나 죽을 수도 있는 실험에 스스로 참여하는 사람들도 있었다.

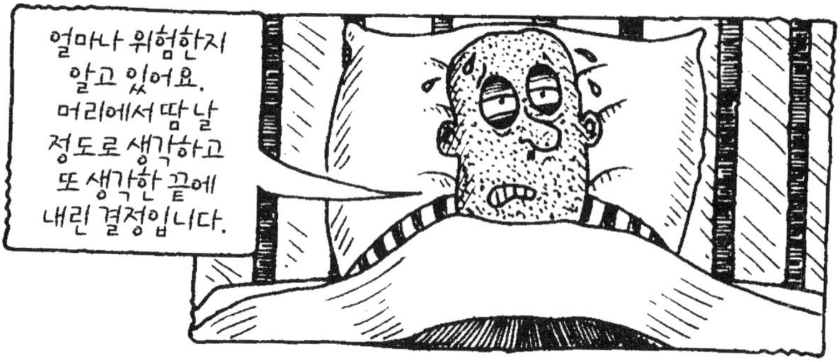
얼마나 위험한지 알고 있어요. 머리에서 땀 날 정도로 생각하고 또 생각한 끝에 내린 결정입니다.

환자를 살리기 위해 24시간 자지 않고 일한 의사도 있고, 디프테리아에 걸린 어린이들을 구하기 위해 죽음의 눈길을 달린 조지 카슨과 같은 이도 있었다.

모든 인간은 서로 돕기 위해 노력한다. 이것이야말로 인류가 멸망하지 않고 살아남을 수 있는 가장 큰, 가장 훌륭한 이유다. 무슨 일이 일어나건 인류는 생명을 위협하는 질병과 끝까지 맞서 싸워 결국은 승리할 것이다. 이 진리를 믿고, 걱정은 접어 두고 편안히 지내길!

기분이 훨씬 좋아졌어요.
다 낫게 될 거야.